徹底して
子どもの側に
立つ保育

清水玲子 著

ひばりの実践を研究する会 編

ひとなる書房

はじめに

筆者は、この十年あまり、ひばり保育園の、そのときどきの子どもの姿と保育者の悩み、そしてそれらをどう考え、どんな手だてを見いだしていくか、そのプロセスを勉強させていただいてきました。

それは、子どものつぶやきや子ども同士の関係、子どもがおとなとのかかわりのなかで見せる姿を徹底して出し合うことによって、毎日毎日をどんなふうに過ごすことが子どもにとって大事なのか見いだしていくという、保育の営みそのものを学ぶことでした。

ひばり保育園では、子どもの姿と保育をいっしょに語ろうと努力しています。それは、そのときの保育が、子どもにとってどうだったかを考えていくために大切なことなのです。

子どもの気持ちを汲んだつもりでも、子どものほうが、おとなにわかってもらえた、と思えなければ、子どもは安心できず、楽しい思いができません。どの子どもも、わかってもらえた、おとなにも友だちにも認めてもらえている、と安心して、くったくなくあそびに熱中し、笑ったり怒ったり泣いたりできるような毎日を保障したいと願って、子どもの側（がわ）に立つことを徹底することを意識してきたのです。

こうしたひばり保育園の実践は、保育園のおとなたちが、悩みながら、揺れながら、でも決して投げ出さずに子どもたちをもっとわかろうと毎日を積み重ねていくことの大変さと貴重さ、そして、そのことをやり通しているからこそ味わえる保育の喜びを、筆者に教えてくれました。

誰でも、自分の仕事についてはそうだと思いますが、筆者も、保育士養成を仕事とするようになってから三十年あまり、保育を研究するとはどういうことなのか、ずっと悩み、考え続けてきました。そして、実際に保育をしている人たちの実践をとにかく聞かせていただいているうちに、自分が実践していないのなら、実践している人たちから学べばよいのだと思うようになりました。

子どもの姿も、ありのままとはいっても、それは、必ず誰かの目を通して見た子どもの姿です。その子と心を通じ合いたいと願ってかかわる保育者の目を通して語られる子どもの姿を、何人もの人の目と重ね合わせて理解していくことが、子どもをより深く理解し、同時に保育の手だてを検証し、新しく見いだしていくことになるのだということを、筆者は幾度も見せていただきました。そして、そのプロセスをていねいに把握していくことが、筆者にとっての保育研究なのだと考えるようになりました。

保育園での日々の生活の一つひとつが、そこにいる子どもにとってどんな意味をもつのか、徹底して子どもの側に立ってくり返し吟味していくこと、そこから、具体的な保育のひとこまが新しい意味を持ってきたり、新しい変化を生んだりしていくことを、その悩みや発見を共有させていただきながら実感できたことは、第三者として保育の勉強をしている筆者にとっては大きな驚きであり、この上ない喜びでした。

このように実践から学んだ保育の喜びを、独り占めしてはいけないと感じ、どうしても文字にしておきたいと考えました。少なくとも、この、保育の営みそのものをていねいに表すことが、いま、保育に悩み、少しでも手だてを見いだしたいと願っているたくさんの保育者たちにとって意味のあることなのではないかと思ったのです。そして、それは、いっしょに実践を語り合い、勉強してきた方たちの願いでもあると思いました。このことは、一般的には保育研究といえるかどうかはともかく、筆者のなかでは、本当の意味での保育の共同研究であり、研究は何のためにあるのか、誰のためにするのか、という基本的な問いかけと結びついていることでもありました。

研究会を立ち上げ、長い期間いっしょに実践を語り合ってきた保育園の先生たちと、改めて資料の山をひもときながら、たんに思い出としてではなく、そこで見いだしたことの意味をもう一度確かめ、明らかにする筋道をみつけていく作業は、気の遠くなるような大変なことであると同時に、もう一度そのときに感じた手応えを味わえる幸せなことでもあり、さらに新しい発見をすることでもありました。本書のできあがる過程そのものが、いっしょに学んできた日々の積み重ねであることを改めて感じることができました。このような経験を筆者にさせてくださったひばり保育園や研究会の先生方にはほんとうに感謝しています。

ひばり保育園は、特別な人が集まった特別な園ではありません。どこの保育園にも、そこを拠り所としている親子がいて、保育者たちは、子どものことを大切に考え、困難があっても誠実にいっしょうけんめい保育をしています。でも、だからこそ、ひばり保育園で保育をすることになった保育者たちが、目の前の子どもの姿から出発し、子どもの側に立つことを徹底しようと奮闘した足跡は、どこの園のどんな保育者にもきっとどこかで自分の保育と重なって考える提起を含んでいると思います。お読みいただき、感想をお寄せいただければ私たちにとってこんなうれしいことはありません。なお、このような趣旨を理解し、あまりないスタイルの本作りを引き受けて下さったひとなる書房の名古屋研一さんと松井玲子さんにお礼申し上げます。

二〇〇六年七月

清水　玲子

＊クラスの名前は、一歳児クラスがひよこ、二歳児クラスがうさぎ、三歳児クラスがりす、四歳児クラスがすずめ、五歳児クラスがはと、です。三歳以上は異年齢の部屋で生活しています。その部屋は、イチゴ、バナナ、メロン、と名前がついています。また、一年を、Ⅰ期（四～六月）、Ⅱ期（七・八月）、Ⅲ期（九、十月）、Ⅳ期（十一・十二月）、Ⅴ期（一～三月）と大きく五期にわけて保育しています。

＊ひばり保育園は、二〇〇六年四月に民間に委託され、新しい園舎で新しい職員たちによって運営されています。

＊プライバシーの保護のため、個人の特定ができないよう、部分的に再構成しています。保育者の方たちには了解をいただくとともに、小宮山先生以外は、本書に出てくる人はおとなも子どももすべて仮名です。小宮山先生についてはご遺族の了解をいただいています。なお、本書の文責は筆者にあります。

もくじ◎徹底して子どもの側に立つ保育——この子の今を大切に

徹底して子どもの側に立つ保育

I

目の前の子どもの姿から保育を変えていく

五歳児クラスの二年間から学ぶ

1 一年間、年長組の保育を園内学習のテーマに

その年、ひばり保育園では、保育の園内学習で、りょういちくんを中心とした年長（はとぐみ）の子どもたちの保育について一年間学ぶことに決めました。一年間、年長の子どもたちのことだけを学習のテーマに選ぶのは、はじめてのことでした。しかも、りょういちくんの姿を続けて追うことで、園のどのクラスの保育のことも学習しようというのです。この、園内学習の試みに参加しながらみえてきたことについて、明らかにしたいと思います。

なぜりょういちくんを取りあげたのか

りょういちくんのことは二歳児クラス、三歳児クラスのころから時々保育討議の中で話題にのぼっていたといいます。

自分ができると思ったことはどんどんやるけれど、苦手と思うとやろうとしないところがありました。たとえば、夏のプールあそびでは、プールに入ろうとしなかったり（プールじまいのときだ

け入った)、運動会の前のリズムのとき、やらないで、「運動会のときにはやるから」と言い、ホールのすみでひっそりと練習して、運動会当日にはしっかりやったりするのです。

また、給食で食べたくないものがあると、他の子は堂々と食べたくないと言ったり残したりしているのに、りょういちくんは保育者の耳元まできて、そっと「〇〇残していい？」と聞くのでした。

遠足の前の日、保育者が何も言っていないのに、りょういちくんが保育者の耳元で、「てるてる坊主作ろうって言わないでね」と言ってきたことがありました。保育者が「どうして？」ときくと、「だって、顔がうまく描けないんだもん」という返事でした。保育のなかで、先を読む力を持ちながら、先回りして心配しているのです。

また、他の子のように抱っこやおんぶを保育者に要求してくることがほとんどありませんでした。保育者には、りょういちくんが、「できる・できない」を気にしていることはよく伝わってきましたが、何を思っているか、彼の気持ちはわかりにくいと感じられていたようです。

そんなりょういちくんにも四歳児クラスにあがる頃、あきおくんという仲良しができました。あきおくんもプールにはなかなか入れず、二人で入らないでいたりすることもありました。ブロックでよくあそんでいましたが、お互いの間では安心して対等に言いたいことが言い合えて、けんかもできていたのでした。

ところが四歳児クラスの十二月にあきおくんは家庭の都合で引っ越して、退園してしまいます。あきおくんと出会って、友だちっていいものだということを実感しはじめていたりょういちくんにとっては寂しい出来事でした。

その後、のみ込みは早くていろいろなことがさっさとできる一方で、りょういちくんがなかなか仲間を作れず、友だちとの関係のなかで「できる・できない」を気にして身動きがとれなくなっている姿、そして、大人との関係でも安心できていない姿が保育者たちの目にますます明確になってきました。

なんとかりょういちくんにもっと安心して人とつながってほしい、対等に友だちとかかわって、認め合える喜びを味わってほしいという思いから、年長になった一年間、りょういちくんのことを中心に五歳児クラス（はとぐみ）のことを園のみんなで考えていこうということにしたのでした。

もちろんこの願いは、りょういちくんに対してだけでなく、どの子に対してもあることだったので、りょういちくんを中心にはとぐみの保育を考えることから、それぞれのクラスの子どもの姿や保育の姿にも思いが広がっていくことを期待してのことでした。

五歳児クラスになっての友だち関係

五月のある日、みんなで砂あそびが盛り上がってきた頃、りょういちくんは「おれ、やーらない！」と、園庭の二本の大きな木の間に作ってある木の家の二階に上がってしまいました。りょういちくんは、着ているものを真っ黒にする泥あそびや砂あそびにいまひとつのりきれません。すると、ひろしくん、いたるくんもその後から木の家に上がっていきました。でも、二人は裸足になっていて、もっと砂場で川を作ってあそびたそうで、上からみんなのあそびをうらやましそうにじっと見ているのです。それでも、保育者がそれとなくさそっても降りては来ませんでした。

あとでひろしくんが、「ほんとは川ごっこしたかったんだけどりょういちくんがだめっていうんだもん」と言っていました。

また、くまのぬいぐるみでりょういちくんといたるくんがあそんでいて、ひろしくんがただぶらぶらしていることがありました。保育者が「どうしたの?」と聞くと、ひろしくんは「くまのぬいぐるみが二つしかなくて、ボク何していいかわかんないの」と言うのです。保育者が、「それならしんごくんたちとあそんだら?」と言うと、「だって、りょういちくんが、他の子とあそんだらもうあそばないっていうんだもん」と言うのでした。

五歳児クラスになってからいつもいっしょにいるようになった三人ですが、よくものを知っていておもしろいあそびも考えてリードするりょういちくんに魅力を感じながらも、あたりまえのことですが、ときには他の子とちがうあそびもしたくなるひろしくんといたるくん。でも、自分がやらないときは、二人が他の子とあそぶことを許せないりょういちくんなのです。

担任の谷川先生は、資料に「りょういちくんは、二人がそばにいないと心配という様子で、三人の関係がりょういちくんにとって安心できる関係というよりも、りょういちくんの支えの関係であるほうが大きいように思いました（だから他の子を受け入れないのです）。はとの男の子たちにとってりょういちくんの存在は大きいです。（中略）だからこそりょういちくんが自分だけのことから、まわりの子のことがわかったり、気持ちでつながり合えるようになってきたら、男の子の仲間関係（はとの仲間関係）が広がり深まっていけるだろうなーとさえ感じました」と書いています。

けんじくんとの関係

そして、この頃のりょういちくんは、クラスの中でも身体が小さくて、月齢も一番小さいけんじくんのことを同じクラスと認めたくなくて、大人の目を気にしながらも、けんじくんを無視しようとしているようでした。

ある日、給食の支度がはじまったとき、自分のおしぼりを自分で決めた席のテーブルに早々とおいてどこかにいっていたりょういちくん。帰ってきたとき、その席の隣にはけんじくんが座っていて、他にはもう席があいていませんでした。一瞬でそれをみて取ったりょういちくんは、顔色を変え、でも、大人の見ている前でけんじくんの隣はいやとは言えず、「おなか痛くなったから給食いらない」といって、部屋から出ていったのです。

多分、けんじくんの隣がいやで、おなかが痛いと言ったのだろうと察した保育者が、少し様子を見てから、「なにかおなかが痛くても食べられるものはあるかな?」とさりげなく別のテーブルにいすを持っていってりょういちくんを呼びました。けんじくんと離れたところに座ったりょういちくんは、「おなかが痛い」と言ったことも忘れたように食べはじめたのでした。

けんじくんのことをいやだと言ったりするのはいけないことだと頭ではわかっているりょういちくん。だから、大人の顔を見ながら、いやとは言わず、おなかが痛いと言ったのでしょう。

けんじくんを、クラスの一員として仲間と感じていけるようになってほしいのはもちろんですが、ここでりょういちくんを問いつめても、問題は解決しないと保育者はわかっていました。そして、りょういちくんだけでなく、クラスのなかにけんじくんを対等な仲間として見ない雰囲気があることを直視し、保育の課題として考えていく覚悟を新たにしたのでした。

夏の保育での姿

年長組は、例年七月に、親と保育園がいっしょになってキャンプをします。キャンプの準備の集まりでは輪になって踊ったりすることはぜったいにやらないりょういちくんでしたが、実際のキャンプファイヤーのときは、その雰囲気を心から楽しそうに満喫して、踊ったり走り回ったりしていました。ふだんと違う場で、自然に気持ちが開放的になったのかもしれません。

そしてキャンプのあと、以前よりは友だちのごっこあそびに入っていっしょにあそぶ姿がみられるようになってきたのでした。

プールのときも、一年前とは違って、お母さんに頼んで、プールカードに、三角のまわりをまるで囲んだかたちを書いてもらって、入ろうかどうしようか、そのときに選べるようにしてくるのです。そして、ほとんど毎日、プールあそびを友だちのなかで楽しむことができたのでした。

それでもプールじまいのとき、みんなの前で一人ずつなにかして見せる取り組みで、はじめは着替えてプールに入るつもりだったりょういちくんがすっかり元気をなくして、どうしてもそれには参加しないという姿があり、担任は、保育のやり方について考えさせられたのでした。

また、そうめん流しをしたとき、みんなが楽しみに並ぶなか、参加しないで部屋に入ってしまうりょういちくんに担任が声をかけると、「だって、そうめんうまくとれないんだもん」と言ったこともありました。まだまだ、うまくできなかったり、まちがったりする自分を見られたくないようです。

また、あるときは友だちが自分の座っていたいすにまちがって座ったことが許せなくていつまでも怒っていたりという姿もみられました。

りょういちくんにとって、まだクラスの友だちは安心できる存在ではないのだなと担任は感じていました。

運動会に向かうことと砂あそびと

キャンプのあと、クラスの子どもたちはお互いのかかわりを深めながらあそぶようになっていきます。夏の間は、ばらばらに休んだりしていた子どもたちも、秋になって、みんながそろうようになると、ごはんを食べる間も惜しんで、砂あそびに熱中するようになっていきました。りょういちくんもいっしょに砂のケーキを作ったりして友だちの中に入っていました。

この頃、担任の谷川先生は、目の前に控えた運動会に向けてどんなふうに取り組んでいったらよいのか悩んでいました。

あそびのなかに運動会でやるものを混ぜたりしてみますが、例年と違ってそんなに夢中にはなってきません。リレーごっこでは、「やらない」と言う子や、自分が負けたとき、「運動会の日はお出かけするから休むの」と言う子がいたりして、子どもたちが、運動会を気にしつつ、でもプレッシャーを感じているのがわかります。これは、りょういちくんだけでなく、何人もの子どもに感じたことでした。

九月の学習会の資料には、谷川先生の揺れる気持ちが書かれています。運動会を、子どもたちが、ちょっと苦手なことでもできるようになりたいと願い、葛藤しながらもやってみようとする体験をして、ヤッターと思えるような場にしたいと思う一方で、いまのはとぐみの子どもたちにとっては、熱中できるあそびのなかで子ども同士の豊かなかかわりを深めることをとことんやっていくことが大切だとも思う……。

そして、谷川先生からみるとけっこう楽しそうにやれたと思った運動会ごっこのとき、終わったとたんにはとのクラスの子たちがわーっと砂場にむらがってあそびはじめたのにびっくりしたとも書いています。

この九月の学習会で、谷川先生がこうした迷いを率直にだしてくれたことから、職員全体でこの問題を考えることができました。そして、「目の前の運動会について」ではなく、「目の前の年長の子どもたち一人ひとり」をていねいにみること、この時期にこの子どもたちにとって一番大切にしたいことは何なのかを考え合い、そのことを実現していく保育の手だてを見いだすこと、運動会をそのなかでとらえ直していくことなどが話されたのでした。

りょういちくんを含めたはとぐみの子どもたちが、砂場でのあそびやごっこあそびでお互いに寄り添い、引き合ってあそぶようになってきていること、そのなかであそびの楽しさ、おもしろさを共感できる場面が増えてきていること、それに伴って、子ども同士がお互いを受け入れたり、自分の気持ちを調整するといった姿が見えはじめていることがわかってきました。そして、だから、いまは、子どもたちがそうした姿を出せているあそびを徹底して大事にあそんでみようということになったのです。

運動会は、もちろん、運動的な活動ではあるけれど、それぞれのクラスの子どもたちの姿をもとにしてやりたいこと、やれることを考えて企画していこう、普段と違う日ではあっても、保育としてはその日が「終点」ではなく、「通過点」であることを忘れないでおこうということも確認しました。

迷いがふっきれた谷川先生だけでなく、そのことの意味を確認し合った先生たちみんなに見守られ、支えられながら、はとぐみの子どもたちは毎日、朝、日中、昼、夕方と砂場で思いきりあそび続けました。そんな毎日のなかから、四歳も混じっての、だれが走ってもいいリレーごっこにりょういちくんも入って走る姿が見られるようになります。

担任の「ほんとの運動会でなにやりたい？」の問いに、子どもたちからは「リレー！」の声。チームを分けると、りょういちくんが「白は天使だから天使チームだよ」と突然言い出し、さよちゃんが「赤はトマト」、いたるくんが「いちごもあるよ」と盛り上がり、白は「天使チーム」、赤は「いちご・トマトチーム」になります。そして、赤のチームが人数が少ないと、「オレ、両方走ってもいいよ」とりょういちくん。こうした話し合いで、りょういちくんがみんなに自分の考えたことをどんどん言うのははじめてのことでした。

谷川先生は、資料に、「りょういちくんが、〝見られる運動会〟ということより、〝自分がはとぐみの仲間といっしょに参加する運動会〟という思いのほうがつよくなってきたなと感じました」と書いていています。

いわゆる練習をする日にちはほんとうに少なかったにもかかわらず、運動会では、子どもたちははりきって種目をやっていました。りょういちくんも、葛藤する姿も見られましたが、自分で決めて出るといった種目は積極的にやりました。

また、運動会のとき、りょういちくんが、けんじくんがやっている競技をみながら、思わずといった感じで「けんじ、がんばれ」と小さい声で言っているのをたまたま耳にした保育者が、あっと思ったと言っています（でも、このころはまだ、けんじくんに対して、りょういちくんは、ごっこで「いれて」と言われても、聞こえないふりをして入れてあげないなどの関係も一方ではありました）。

谷川先生にとっても、他の先生たちにとっても、この、運動会に向かって悩み、考え、実践してきたことはとても貴重な経験だったと思います。そして、かすかながら、りょういちくんを含めた年長の子どもたちの変化の手応えを感じた日々でもありました。

けんじくんのこと

けんじくんが、いろいろなことをするのがゆっくりで他のはとの子のペースと合わなかったり、はとのなかでごっこあそびでもなんとなく入りきれずに引いてしまうことが、ずっと担任の先生には気になっていました。そして、そのことを、会議に出しました。

けんじくんにとって、保育園が楽しい所であり、自分が認められているという自信を持ってもらうには、どうしたらよいか、はとのあそびにいっしょにさそったり、そのなかで保育者が配慮していくだけでは足りないのではないだろうか、ということが話し合われました。

けんじくんの日々の姿を出していくうちに、毎朝、けんじくんが宮田先生をさがして、「せんせい、おはよう！」と言いに来ることが注目されます。宮田先生は、もちろん、「けんじくん、おはよう！」と笑顔で毎朝こたえていたのですが、話し合っていくうちに、けんじくんが、宮田先生に言ってくるおはようを、朝のあいさつだけでなく、大好きな宮田先生と二人でちょっとあそべる時間にしていったらどうだろうという提案になっていきます。

そして、他の先生たちの了解のもと、宮田先生は、毎朝、こちらからけんじくんにおはようと言っていき、けんじくんと追いかけあそびを実践していきます。そうしたなかで、けんじくんは、生きいきした表情を見せるようになっていくのです。

病気で休んだ谷川先生に手紙をかく

秋になって、担任の谷川先生が病気になり、お休みしました。代わって担任になった宮田先生は、りょういちくんとはとぐみの子どもたちの姿を引き継いで資料に書いています。

動物園に行って来た翌日、谷川先生に手紙と絵で、楽しかったことを伝えようということになりました。宮田先生が、ものを取りに職員室に行って戻ってくると、たしかに描きはじめていたりょういちくんが描かずにストーブの前にいました。

「〝あれ？　どうしたの？〟と聞くと、〝描いてもわかってもらえない絵なんか描いてもしょうがないでしょ。もう二度と描かないよ〟〝えっ　なんで？〟わけがわからず再び聞きながら床を見ると、クシャクシャとした黄緑色の画用紙が……。開けてみるとこんな絵（丸が二つ重なっている）

が一つ。〝いたるが何描いてんの？　っていった〟とりょういちくん。自分はあの遠足で、うさぎをはじめて抱くことができて自信満々だったようで、それを勢いにうさぎを描いたようだった（私もその時、それをみただけでうさぎ！　とは判断できなかった）。そしてそのうさぎの絵にも自信があったのに、いたるくんの素朴な〝なに描いてるの？〟がりょういちくんにはとても否定的に聞こえてしまったのだろうか（後略）」

どんなにとりなしても描かなかったりょういちくんでしたが、夕方、通信を書いている宮田先生の所に来て、小さい声で「今なら絵描いてもいいけど」と言い、紙を渡すと、職員室でうさぎを十匹描きました。それが終わると安心したようにあそびにいくりょういちくんでした。そのあともう一度来て、りょういちくんは自分とうさぎがいる絵が三つも描いてあり、文字スタンプも押してあるみごとな手紙を書き上げるのです。

宮田先生が「谷川先生きっと喜ぶね。渡して見せてくるからね」と言うと、「うん、じゃあね！」と元気に部屋を飛び出していきました。りょういちくんのなかで、うさぎをはじめて抱くことができたうれしさを大好きな谷川先生に伝えたいという思いが、はじめにうまくいかなくても自分から描くと決めてやりとげた力になっているのかもしれません。

けんじくんといっしょにはじめて飼育をやる

それまでチャボのえさも切ったことがなかったりょういちくん。宮田先生がさそっても、「だって、小さく切れないもん」と言ってやろうとしません。

ある日、けんじくんが大きめに野菜を切っているとき、宮田先生が「一人じゃ大変だからやってくれない？」とりょういちくんに声をかけると、そのくらいの大きさに切るなら自分にもできると思ったのか、はじめてえさの野菜を切りました。そして、けんじくんと二人で切った野菜をカンに入れてかき混ぜてえさに作り上げました。

十月のはじめのころは、けんじくんがごっこあそびに「いれて」と言っても聞こえないフリをしたりしていっしょにいることをいやがっていたりょういちくんが、けんじくんと二人で共同作業をしていました。

お正月明けからの子どもたち

この年も、お正月明けに、例年やってきた凧作りをやりました。これは、年長の子が、自分の凧を作った後で、四歳児クラスや三歳児クラスの子にも作ってあげるという取り組みです。はとの子どもたちが、どの子に作ってあげたいかを選びながら、重なったときはお互いに調整して、一人ひとり、年下の子と一緒に凧を作ります。

りょういちくんは、四歳ではつよしくんを選びました。はじめ、「てっちゃん」と言ったのですが、いたるくんも「てっちゃん」と言ったので、リズム集会のとき、自分を頼ってくれたつよしくんにしたのです。

つよしくんがなかなか凧の絵を描かないのをやきもきしてマジックを一色ずつ出しては「これ?」ときいていたりょういちくんは、つよしくんが絵を描きはじめるとほっとしていたそうです。この凧作りのときのことを谷川先生はこんなふうに書いています。

「驚いたのは、けっして自分でさっさと作ってしまわず、ボーッとしているつよしくんに『ほら、つよし、おさえろよ。作ってやんないぞ』と言ったりしながらも一緒に作ろうという姿勢が見えたことです。りょういちくんが自分でやれることはさっさとこなすタイプであっただけに、年下の子のペースに合わせていたり、相手を気にかけながらやってあげることができる力(相手のことも考えながら自分の気持ちも調整したりしていく力)が少しずつ育ってきているのだナーと思いました(後略)」

そして、それは、他のはとの一人ひとりにも共通する成長の姿でした。

その後、豆まきに向けてのさんぼう作りでは、けんじくんがじょうずで、しかも親切に年下の子に教えたり作ってあげたりして、四歳児クラスの子たちの人気者になります。そして、それを通じて、はとの子どもたちもけんじはすごい、と認めていくことにもなりました。りょういちくんも、さんぼう作りでは、「けんじのをみたら思い出した」と素直にけんじくんを認めているのです。

りょういちくんって育ってきた!

前向きになったかと思うとまたかたくなになったりと、そんなにどんどんかわれはしなくても、りょういちくんは、大人に対しても、友だちのなかでもずいぶん気持ちを素直にだせるようになっていきました。

二月の保育資料で、谷川先生は、「りょういちくんって育ってきた!」という見出しをつけて、たくさんの姿を書いています。散歩で、先生とつないでいた手をちょっと離したときに別の友だちがつないでしまったとき、「あっぼくがつないでいたんだ」と言って止まってしまったけれど、すぐに気を取り直して友だちの所に行っておしゃべりしながら楽しく散歩が続けられたこと、寒い日につよしくんたちとうさぎの飼育をやったとき、谷川先生が「今日寒いね、手も冷たいし」と言ったら、りょういちくんが「つよしくんたちもかわいそうだけど、うさぎのほうがかわいそう」と言ったこと、いたるくんやひろしくんとだけでなく他の友だちとも楽しそうに毎日あそんでいること。

そして、「りょういちくんのかたくなな心がいっぱいほぐれてきているのだと思いました」と書いています。

そして、りょういちくんの姿を中心にした園内での実践の学習を通じて、他の子どもたちのことについても、いままでやってきた保育についても、くり返しとらえ直しながらみんなでたくさんのことを確かめ合うことができた一年間でした。この経験が、つぎの年、大きく保育を見直すことにつながっていくのです。

2 恒例の年長最後の行事をとりやめるまで

つぎの年、谷川先生は、引き続き五歳児を、こんどは副担任として受け持つことになります。

新しく五歳児クラスになった子どもたちの様子

四歳児クラスのおしまいの頃から、てっちゃん、つよしくん、みねきくんの三人は、大型積み木での基地作りに夢中になっていました。三人の積み木の基地は、とくに、てっちゃんにとっては拠り所のようで、他の子たちを入れないで、なかにいることが安心のようでした。子どもたちも、なんとなくてっちゃんに一目おいていて、その基地には入らず、別の基地を作ったりしてあそんでいました。

保育者は、進級しても、いま子どもたちにとっておもしろいあそびを大事にして四月をスタートさせようと園で話し合っていたこともあって、他の子どもたちが何人かで別の基地を作るのを手伝ったり、そこをベースにごっこあそびをいっしょにしたりしていました。

てっちゃんは、あそびでも、すぐ、つまんない、と抜けていったり、プールで顔に水がかかるのがいやだったり、絵はぜったいに描こうとしません。運動会にはいままで、何年もの間、一度も出たことがありませんでした。見られるのが苦手なのか、自分のことを気にするのか、みんなでなにかするというとき、そこにすっと入れないのです。

基地でいっしょのつよしくんも、プールは苦手、友だちのあそびをじいっと見ていることがよくありました。また、てっちゃんといっしょにいつもあそんでいるみねきくんは、てっちゃんを気にして、自分の意見がだせなかったりします。

他にも、女の子たちでも友だちを気にしてあそびに集中できなかったり、夕方にならないとあそびだせなかったりする子もいて、担任の先生は、大人と子どもの関係も、子ども同士の関係も、なにかぎくしゃくしているように感じて気になっていました。

それでも、子どもたちからはじめた基地作りのあそびを大切にし、そこからでてくるごっこあそびをいっしょに楽しみ、フルーツバスケットをくり返しあそんで、子どもたちが友だちとあそびのおもしろさでつながるように取り組んでいきました。

キャンプを終え、運動会が近づく頃には、基地作りやフルーツバスケットを毎日のあそびの中心にしながら、直線コースで終わりのないリレーごっこなども楽しめるようになりました。これには、前の年に、子どもたちの姿から、運動会を目の前にして、直前でも砂あそびを思いきり楽しむことを大切にした経験が生かされていました。そして、特別に働きかけたりすることなく、てっちゃんが、はじめて保育園の運動会に自分で決めて出場したのでした。

「仲間はずれ」を話し合う

十一月のある日、年長クラスに入園したばかりのりほちゃんが「あたし、仲間に入れてもらえないから、もうこの学校（保育園のこと）やめる！」と担任の先生に訴えてきました。何度目かのことだったので、話し合いを持ちました。

「仲間はずれってどういうこと？」との問いに、「あそんでいるところにいれないで、ひとりぼっちになっちゃうこと」とゆうじくんがいうと、あきこちゃんが「それ、それ」、るりちゃんは、「あたしも仲間はずれにいっぱいされたことあるよ」と担任の耳元で小さな声で言います。

「みんなのなかで仲間はずれになったことある人いる？」と聞くと、三分の二の子どもたちの手が挙がりました。「そんなときどんな気持ち？」「すごーいいやだ」「かなしくなっちゃう」と子どもたちが口々に言うなかで、りほちゃんが、「さっき、あたしのこと○○ちゃんと□□ちゃんと△△……（と、クラスのほとんどの子の名前を挙げて）あたしのこと仲間はずれにした」と言いました。

きょうこちゃんが、「だってまだあたしだってあそびに入ったばかりだったから、やすみに聞いてっていったんだもん」と泣いて言います。やすみちゃんは、りほちゃんがあそびに「いれて」というと、「ぜったいいれないからね」といつも言うのです。すると、よしこちゃんが、やすみちゃ

んに「そんなことといってると、やすみが仲間はずれになっちゃうよ」と言う……関係はそう単純ではないようでした。

みねきくんは、「だってりほは、おれのことみねきちゃんっていうのが、あかちゃんみたいでいやなんだ」、てっちゃんは、みねきくんと間違えて呼ばれたのがいやだったと言い、女の子は、りほちゃんが、ヤーッと少林寺拳法みたいに拳を突き出したりけったりするのがいやだと、と言います。たしかにりほちゃんは、すぐに手や足がでるのです。

りほちゃんが、保育園に入ったばかりでいろいろわからないことがたくさんあることなどを確認し、りほちゃんも友だちが何を思っているのかが少しわかった話し合いになりましたが、担任の先生としては、はとぐみの子どもたちが、まだまだ自分のことに精一杯で、他の人の気持ちを感じ、考えるのが難しいと思ったのでした。

動物園ごっこと遊園地ごっこ

羽村動物園に行ったあと、はとぐみの子どもたちは動物園ごっこをするのが例年の流れです。実際にていねいに見てきた動物たちをイメージして、自分でなりたい動物を決め、園内の年下の子どもたちをお客さんにしての身ぶり表現は、アイディアにあふれ、本人たちも見る側もなかなか楽しい活動になりました。

てっちゃんたち男の子三人は、黒オオカミをやることにしたのですが、急に「やらない」と言いだしました。理由は積み木を自由に使えないこと。話し合って、オオカミの住んでいるところに必要なだけ大型積み木を使うことをみんなで確認でき、小屋が自分たちの思うように作れたことで満足し、お客さんたちにオオカミらしく見せる気持ちになれたようです。

そして、例年のように、それに続いて遊園地ごっこを保育として計画しました。動物園ごっこから、さらに、保育園の年下の友だちを楽しませることを考えて、遊園地らしい乗り物や、レストランなどを年長の子どもたちが担当し、チケットを配ったりして園全体で楽しむという活動です。

ここでは、年下の子どもたちに楽しんでもらうことを喜び、いっしょに楽しむことをめざしていたのですが、じっさいにはとぐみの子どもたちはあまり楽しくなかったようでした。

谷川先生の保育資料には、あきこちゃんやみどりちゃんたちがライオンバスをやったけれど、みどりちゃんがつまらなそうにバスを押している姿に出会い、何人かの子から、動物園ごっこのほうがおもしろかったという声を聞いて、例年の保育の流れで遊園地ごっこと思ってしまったことへの反省が書かれています。

動物園ごっこは共通の体験が土台になって、子どもがイメージを一致させやすく、お互いが見えやすくて、どんな表現も認められるけれど、遊園地ごっこのなかではクラスのみんなでやっている実感も持ちにくいし、それぞれの表現を認められている実感が得られにくかったように思ったそうです。

そして、小さい子たちを喜ばせることがこの子たちにとっては主流ではなく、自分たちが楽しんで、そのことで小さい子たちも楽しませてあげたいというのがいまのはとぐみの子どもたちなのだとわかってみると、例年の流れで動物園ごっこから遊園地ごっこへとあそびを発展させていくことをもう少しよく考える必要があると改めて思い、会議で提起したのでした。

はとぐみみんなの基地へ

四歳児クラスのおしまい頃からてっちゃんたちを中心にしてあそび続けてきた基地作り。てっちゃんの基地がそのまま広がっていったわけではないけれど、ホールで、大型積み木を組み替えては作り直し、女の子たちの病院ごっこと行き来したり、いくつもそれぞれの子が組み立てていたり、と、少しずつ形を変えながら、おもしろさを追求し、持続してあそび続けてきたはとぐみの子どもたちでした（もちろん、その陰には、保育討議で用務の人も含めて職員同士で確認し合って、作った基地がこわされないようにしたり、といった大人たちの配慮があったのですが）。

お正月も明けたそんなある日、てっちゃんがお休みした日のこと、いつもてっちゃんといっしょに基地を作っていたみねきくん、てつやくん、つよしくん、そしてしほちゃん、よしこちゃんたちが、いつもと違う場所に違う形の基地を作りはじめたのです。

谷川先生は、その姿をみて、みんなの基地がみんなは作りたいんだ、と感じます。そして、次の日、登園してきたてっちゃんも交えて、みんなの基地作りを提案し、子どもたちに「保育園のものみーんな使っていいよ」と言うのです。谷川先生は、いまのはとぐみの子どもたちは、この基地作りなら、いっしょに協力してイメージを共有し合って一つのものに向かっていけるという手応えを感じたといいます。

先生たちの協力もあって、段ボールをのこぎりで切ったりして、それぞれの子のイメージを盛り込んだ基地が作られていきました。はとぐみの子どもたちはどんどん盛り上がっていきました。この頃のことを谷川先生はこんなふうに書いています。

「てっちゃん中心の基地からはとみんなの基地に作りかわって、そこでの遊び方はさまざまでした。ときにはお店やさん、お家ごっことかに使ったり、ときにはこんなこともありました。食後にみどりちゃんとみねきくんが基地の中に二人並んで座り、絵本を見ながらニコニコして、二人ともいい気分のようでした。ふっとのぞくと誰かがいて、いろんな遊び方が展開したりしているのです。子どもたちの中で、自分だけでないはとの仲間の基地ができたことで、仲間に向ける目がたしかなものになってきたのだと思いました（後略）」

今年のはとぐみの最後は「はと劇場」ではなく基地作りで

この時期は、例年なら、はとぐみが、園のみんなにも、お母さんやお父さんにも見てもらう「はと劇場」に取り組んでいる時期でした。劇場ごっこを取り組むつもりは担任も園全体もずっと持っていました。これまでやってきたように、保育者が劇を見せ、その後、子どもたちと、そのストーリーで劇あそびをしたり、ペープサートをそれぞれの子が作り、人形劇ごっこと楽器演奏を園のなかでみんなに見せたりもしました。

そして、近くの障害児通園施設の子どもたちとの交流で、その子たちが保育園にきたときに、その人形劇を同じように見せてあげようとしました。ところが、はとの何人もの子が緊張してうろうろしてしまったり、落ち着かない表情になったりして、その取り組みはうまくいかず、子どもたちが楽しめていないことがはっきりみられたのです。生きいき取り組んでいる基地作りを中断して劇場ごっこへの取り組みをしてよいのかと谷川先生は悩みます。

そして、二月のはじめ、園全体の会議にその悩みを出し、話し合いをしました。劇場ごっこの取り組みにはそれなりの大切さがある、それを今年の子だけ経験できないまま卒園させてもいいのかという声もありました。劇場の取り組みで私たちが子どもたちに経験させたかったことは何なのかも考え合いました。

子どもたちの姿を徹底して語り合い、劇場の活動の大切さもわかったうえで、でも時期的に両方いっぺんには全力ではやれない、今年のはとの子どもたちにとって、仲間と一緒に「やった!」と思える活動が基地作りなのではないか、という気持ちが担任にも他の先生たちにも強くなっていきました。そして、園全体として、今年は「はと劇場」はやらないで、もっともっと基地作りを発展させて徹底的にあそぼうということになったのです。

はとの親たちとわかり合う

基地作りに熱中し、友だち同士でも協力する子どもたちの姿を背景に、担任の先生たちは、お便りや懇談会で、親たちに、今年の「はと劇場」はやらないことにしたこと、でも、子どもたちにとってはこの基地作りが同じくらい大切なものになっていることをわかってほしいことを訴えます。

年長の最後はわが子の劇が見られると思っていた親たちは、強い反対もしませんでしたがそれがよいともとくには言ってくれませんでした。でも、いまの子どもたちの姿と保育者の思いを精一杯書いた通信に対して、てっちゃんのお父さんが、手紙をくれたのです。内容は次のようなことでした。てっちゃんのお父さんのご了解を得て、ここに紹介します。

私が迎えのとき何回かホールの基地で(てつが)つよしくん、ゆうじくんと一緒にあそんでいるところを見かけたことがあります。何してんの？　って聞くと、ゆうじくんがうれしそうに「基地であそんでいるの」と返事をしてくれたこと。そしててつが「もう少しいいでしょ」と言うので、「職員室まで行って来るから戻ったら帰るよ」と言ったことがありました。

てつは家でも友だちと屋根裏部屋で、まわりにあるものや洗濯ばさみ、セロテープなどを使って基地作りをしてあそんだりしています。

私も子どもたちの言うような「基地」を作りあそんだ記憶がうっすらとですが残っています。

（中略）保護者会で、先生がダンボールをいっぱい持ってくるから新しく基地を作り替えようと約束したことが話されました。その約束がすぐに実現したことがうれしかったのでしょう。一つのものを想像しながら、みんなでつくる喜び、楽しさがはぐくまれ、自分たち一人ひとりが自主的に動き、判断する力や思いを受けとめる心の広がり、信頼感がはとになってぐーんと身についてきたなと感じられる場面もいっぱい文章のなかから受けとられます。今、ここでは基地を作るという場面ですが、想像力と協調性がこれからいろんな場面で発揮されることと思います。

先日、はと劇場のことも話され、上の子のときは見られなかったことと、これが最後ということもあり、じつは楽しみにしていたのです。しかし子どもたちが、今やりたいと思う気持ちを大切にすることこそが大事だなと思えます。家では子どもがやりたいと思うことがなかなかできません。

クラスの仲間が一人ひとり気持ちを寄せ合い、みんなでやった成就感のすばらしさを残り少ない保育園生活のなかで、充分満喫してほしいと思います。

てつの父

他にも何人かのお母さんから応援のメッセージがありました。そして、最終的には親たちもわかってくれました。

こうして、基地は、段ボールで二回作り直した後、こんどは園庭の隅で、木を使ってのこぎりを引いたり釘をトンカチで打ったりとおおがかりな基地作りがはじまりました。これには園の職員全体の協力と、親たちの理解がありました。

りょういちくんたちのときの運動会への取り組みで悩みながらつかんだことが、次の年、毎年、やっていた年長クラスの最後を飾る「はと劇場」をやめて、基地作りに徹するという決断を谷川先生にも、そして保育園の全職員にもさせたといえるかもしれません。

それは、その活動の善し悪しではなく、目の前の子どもを徹底してわかり、どの子もが本当に仲間のなかで安心できる関係を作って充実した日々を送れるようにしてあげたいという強い願いからきていると思うのです。この二年間の、年長クラスを中心とした保育のプロセスと、担任をはじめ、保育園の職員たちの悩みながらの決断は、保育は、誰のためにするものであるのかを問い直させ、「徹底して子どもの側に立つ」ということを深いところで浮き彫りにしてくれたと思います。

初出「S保育園の五歳児クラスの二年間から学ぶ」『現代と保育62号』（二〇〇五年、ひとなる書房）

徹底して子どもの側に立つ保育

Ⅱ

実践しながら子どもの思いをつかみ 手だてを見いだす

三歳児・二歳児クラスの子どもと保育者たち

1 子どもたちとことんあそび続けることで発見したこと

毎日毎日、お面作り

二歳児クラスから持ち上がりの稲本先生やかおり先生と一緒に毎日あそびに夢中の三歳児クラス(りすぐみ)の子どもたち。まてまてあそびが大好きな子どもたちでしたが、毎日のあそびのなかから、のりかずくんがやりはじめたのをきっかけに大流行したのがお面作りでした。来る日も来る日も先生たちは子どもたちにせがまれて、お面を作り続けます。その様子をかおり先生は保育の資料にこんなふうに書いていています。

資料Ⅱ―1……………………3月16日　かおり

〈一年間やり続けたお面作り〉

のりかずくんの影響からはじまったお面作り。はじめのころは、のりかずくんのようにぬりたいけどぬれないから、大人に「ぬって、ぬって」の毎日でした。色は全部、子どもが指定。そして、「変なのー！」やら「そんな○○っていないよ！」の発言にけんかが勃発し、「え？　いいんだよ。好きな色でぬって」と仲裁しながら、お面ができあがるのをわくわくしながら待つ子どもたちでした。（中略）

お面ブームが本格的にはじまった時、あるお父さんがクウガやらタイムレンジャーのお面を作ってきてくれました。それをきっかけに自分たちでもだんだんと色をぬるようになってきました。たとえばまゆちゃんも大人がぬっているのをよく見ていたようで、まずまわりからぬって、はみださないように意識していることがうかがえました。そしてみんなで毎日、毎日作り続けました。

大人は一つ作ったら十分って思ってしまうけど、としくんやひできくんとかは、タイムレンジャーならきちんと五人そろえてロッカーにしまっていたりして、ちょっと笑ってしまいました。でもちゃんとそれを大事にして、その五人を使い分けて「今日はコレ！」みたいにしてあそんでいたり、ちゃんと目的があることがわかりました。お面をかぶり、変身ベルトをつけ、剣を持って戦う。これがりすさんの大好きなあそびの一つとなってきました。

でもそのあそびが定着してくると、お面（ハサミも）の使い方もザツになってきました。作っても使い終わったらすぐポイとどこかに置いてきては、また作る、のくり返しで、〝一体このお面作りって何だろう？〟と思った時もありました。自分でぬって作ることが楽しくなってきているというのはわかるんだけど、あまりにもヒドすぎて〝もうやだよー！〟と思ってしまった時もありました。でもまた「作って」と言われるたびに「さっき作ったのはどうしたの?」やら「大事にしてほしいな」とか「使い終わったらロッカーにしまってね」などと言わずにはいられなくて、それでもひたすら作り続けた子どもたちなのです。(後略)

先生たちは、これでいいのだ、と強い確信を持ってお面作りをやっていたわけではありませんでした。かおり先生の資料にもあるように、担任は二人とも、毎日毎日こんなにお面ばかり作っていていいのか、そして、そのお面でたたかいごっこばかりやっていていいのか、テレビの人気にひきずられているような気もして、教材として適切なのか、といろいろ揺れながら、それでも、一人ひとりの子どもが見せる姿を大切に考えてやり続けていきます。それは、たとえば次のような資料にみることができます。

資料Ⅱ―2……………………………………………7月26日　稲本
〈まずは、大人にたっぷり受けとめてもらって友だちへ〉

〝今日はひできくんにつきあおう!〟と思い、お面作りをはじめました。ひできくんは、そのお面を使ってあそぶわけではないけれど、何個も作っていました。色をぬり、切って、ゴム、ホチキスで止めるまで自分で作りあげます。

そのうち「いなもとも入れてあげようか?」なんて言ってるひできくん。「うん、入れて、入れて」と仲間入りしてごっこをしました。ごっこでも以前ならひできくんペースでしきるという感じだったけど、今回はちょっとちがって、強引なところもあるけれど、みんなでごっこができてるように感じました。

大人を求めて、そこで自分の存在をアピールして、安心したりできると、次は友だちに目が向いていく。友だちに受け入れられていると実感できると、あっちこっちと、どのあそびにも顔を入れるというのも少し減って、じっくり腰をおろしてあそべるかなと思いました。

お面作りからきらら姫ごっこへ

そして、お面作りからはじまったたたかいごっこはさらに「きらら姫ごっこ」へと発展し、三歳児クラスの一年を通じて子どもたちを夢中にしていきます。

運動会でもお面をつけてたたかいごっこをやった三歳児クラスの子どもたちは、みれいちゃんの、「私、姫になる！　怪獣が姫をさらうのよ」という提案に、怪獣になった保育者とたたかい、さらわれた姫を助けようとします。

資料Ⅱ—3……………………………………………………………………稲本

このやりとりが楽しくって、怪獣が姫をさらう→クウガが助ける→姫を守り、まてまての追いかけあそびがはじまりました。『キャー』といって倒れるみれいちゃんの演技がひかり、クウガも燃えて『姫を守れー大丈夫かー』と姫を守る子もいれば、『これより先はいかせないゼ！』ととおせんぼする子、追いかけて来る子、と盛り上がったのです。

これが「きらら姫ごっこ」の誕生でした。

また、〝あれ〟やろう

V期（一月～三月）前後、二人の担任は、みんなが盛り上がってあそんでいる中ですぐいなくなってしまうゆきこちゃんと、まもるくんのことが気になっていました。まずは、ゆきこちゃんの好きなあそびを一緒に楽しみたいと、おうちごっこをはじめてみました。少人数であそびはじめると、一緒にあそんでいた子たちにも、ゆきこちゃんのするごっこの楽しさがわかったり、あそびを通してゆきこちゃんの思い、いろいろあそびたい気持ちがたくさんあることにも気づき、ゆきこちゃんも友だちと楽しむことができるようになりました。

まもるくんについては、クラスの担任同士で話し合って、まてまてと追いかけるあそびは好きらしいけれど、これまでまもるくんとことことんつきあった記憶がないね、少し、意識してあそんでみようということになりました。

ある日、かおり先生が黒い薄手のジャンパーを着ていると、まもるくんがきて、「先生、こうもりになって」と言うので、ジャンパーの裾をもってばさばさしながら「こうもりだよー」と走ってみせると、まもるくんも喜んでいっしょに走ります。でも、そこから、まてまてーと追いかけあそびにしようとしてもうまくいかず、ただ「こうもりー」とばさばさ走るだけで、かおり先生は、まもるくんはほんとうにこれでおもしろいのだろうか、と考えてしまうのでした。

稲本先生もかおり先生も、まもるくんがおもしろさに心を躍らせ、夢中になってあそぶことを願いながら、かかわりのなかでその手応えがつかめないことに悩んでいました。

会議でそのことを話題にして、みんなで考えたのですが、なかなかまもるくんの気持ちがつかめません。とくになにかがあるということではないのですが、〝そういえば、まもるくんはほんとうに楽しい気持ちですごせているのだろうか〟と考えると、誰もはっきり言えませんでした。

いつもなら、一人の子のことをみんなで話すと、その子の状況の大変さとか切ない気持ち、また好きなあそびなどが少しずつ見えてきて、「じゃ、こうしてみようか」という手だてが一つはみつかるのに、その日、まもるくんについてはなんとなくそうか！　と思えることが出てこないのです。

そのとき、ベテランの先生がこう提案しました。「あしたまもるくんに会ったらさ、ねえねえ、まもるくん、きのうの〝あれ〟、おもしろかったね、きょうもまたやろうよって言ってみるのはどうかしら？」

聞いていたみんなはびっくりして、「え？　それってどういうこと？」と聞き返しました。するとその先生は、「だからさ、まもるくんがなにをおもしろいと思っているかよくつかめないのだから、そう言って、まもるくんがああ、あのあそび、と思えるものが出てくれば、それが手がかりになるかと思ったの」と言ったのです。

この会議のあと、担任の稲本先生もまもるくんも偶然同じ時に風邪で何日か保育園を休みました。そして、久しぶりに顔を合わせた日、「風邪ひいていっぱいお休みしちゃったー」と話した稲本先生に、まもるくんは「カンチョー！」と手の指を突き立てて稲本先生のおしりをねらってきたのです。先生も、「よーし、先生もまもるくんにカンチョーしちゃうぞー」とまもるくんを追いかけ、まもるくんは喜んで逃げ、そこに、みれいちゃんも加わって、楽しい追いかけっこになりました。

そしてお昼ごはんのとき、稲本先生は会議の提案を試してみたのです。

「まもるくん、さっきの〝あれ〟、楽しかったよねー」と稲本先生が言うと、別の子が、「なに？　なに？」と聞いてきたので、「えーっ〝あれ〟は〝あれ〟だよー、まもるくんとあそんでたおもしろいこと！」と先生が答えます。するとまもるくんが、その友だちに「そうそう、みれいちゃんもいたんだよねー」と話していました。

その日の夕方、稲本先生が、「まもるくん、〝あれ〟しよう」とさそうと、まもるくんは「いいよ」とすぐわかったようで、「カンチョー」から追いかけごっこがはじまりました。

そして、たたかいごっこになり、友だちも入ってきて、いつものきらら姫ごっこになっていきます。この日はまもるくんも友だちといっしょに抜けずにたたかい、捕らえた怪獣をかまど（乳児クラスの水道のところ）に連れて行って「はいれー」と押し込めました。怪獣の稲本先生が「あっちっちー、ようし、やったな、まてー」と追いかけると夢中で逃げるまもるくん。

稲本先生は、まもるくんが自分から、かまどに閉じこめるアイディアを思いついたりして、積極的になっているのをみて、いっしょにあそびながら、まもるくん、いいんじゃない、と心の中で思ったそうです。

翌日も、稲本先生が、「まもるくん、また〝あれ〟やろうか」と言うと、友だちが「あれってなに？」とまもるくんに聞いてきます。まもるくんは、「〝あれ〟っていうのはさあ、ええと……」と、友だちにもったいぶってなかなか言わないのです。そして、きらら姫ごっこがはじまるのでした。

午睡の着替えのときに、「今日、まもるくんと〝あれ〟してあそばなかったじゃーん」と言うと、「やりたいの？」と聞いてくるまもるくん。稲本先生が「うん、やりたいなー」と言うと、「いいよ」とにっこりするまもるくんでした。

こうしたなかで、きらら姫ごっこがはじまって、そこにまもるくんがいないと、誰かが「あっ、まもるくん呼んでこよう」と言うようになっていきました。

そして、ある日の昼ごはんのとき、まもるくんから「ねえー、きらら姫ごっこやろうよ。姫は三人いるんだよねー。みれいちゃんとけいこと、新しいお友だちのみかちゃんだよね」と先生に言ってきました。「そうだね、やろうねえ」と答えながら午睡にはいったのですが、起きておやつを食べると、「きらら姫ごっこやるんだよね」とちゃんと覚えていてはりきるまもるくん。

稲本先生は、まもるくんの好きなあそびを見つけることができて、それが他の子どもたちにも認められたことでまもるくんが「あー楽しかった」と思えていることを、ほんとうにうれしく思ったのでした。

まもるくんの事例から学ぶもの

この実践のポイントは、なんといっても「まもるくん、さっきの〃あれ〃やろう」という保育者の働きかけにありました。もちろん、〃あれ〃といっても、もともといっしょにあそんでいなければ成りたたない話なのですが、なんとかまもるくんの本当におもしろいと思う気持ちを探ろうと努力していたのですから、共有したあそびはいくつもあったのです。

そのなかで、保育者に手応えが感じられたとき、そこを拠り所にして保育者はまもるくんに「また、〃あれ〃やろう」と持ちかけてみることができたのでしょう。

一方、言われたまもるくんのほうは、はじめは、なんのことかわからなかったかもしれません。

でも、保育者と自分が特別につながっている、と思えるうれしさが、さっきやったあそびの楽しさをまもるくんのなかに蘇らせ、印象づけていったと思えるのです。

こうみてくると、この〝あれ〟という働きかけには、まもるくんがおもしろいと思っているあそびをさぐるという意味をこえて、もっとすごい力があったことがわかります。このように働きかけられたことによって、まもるくん自身のなかにあそびのイメージが浮かび、まもるくんはそのあそびを特別なものと意識するようになりました。つまり、この働きかけには、それまで漠然とした気持ちですごしていたまもるくんのなかから、〝このあそびはおもしろい!〟と思う気持ちを引きだす力もあったのです。

さらに、自分と先生にだけ通じる楽しさをもっているという体験は、まもるくんにとって、保育園に自分の存在がしっかり位置づくということであり、ますます先生が大好きになって積極的にあそびたくなるということにつながっていきました。あそびそのものに夢中になれれば、友だちとも自然にかかわるようになっていきます。友だちといっしょのほうがあそびの面白味がぐんと増したりするからです。まもるくんが熱中してあそんでいることをわかって、クラスの友だちも、きらら姫ごっこがはじまると、誰かが必ずまもるくんを呼びにいくようになったのでしょう。

わからなかったら、子どもにぶつかっていって、子どもから教えてもらえばいい。大人にそうかかわってもらえることで、子どもは自分でも気づいていなかったあそびの楽しさを意識し、それによってその子にとってのそのあそびの意味はかわっていきます。そして、同じあそびでも、今まで以上に楽しむことができるのです。

まもるくんの事例は、何となくあそんでいるように見えて見逃してしまいがちな子どものなかにも、もっともっと発展できる大きなあそぶ力が潜んでいること、そして、それは、徹底してその子の力を信頼し、引きだそうとする大人との関係や、いっしょにあそぶ友だちとの関係のなかではじめてあらわれてくるのだということを私たちに教えてくれていると思います。

あそびが楽しくてたまらないというふうになったまもるくんの姿を稲本先生はこんなふうに資料に書いています。

資料Ⅱ—4……………………………3月16日　稲本

（前略）まもるくんも日々〝あれしたい、これしたい〟と、伝えてきてくれるようになったり、ふざけすぎだよって思うくらいおちゃらけてみたり、やっぱりかわってきた姿だなーと思いました（誕生日の手型をとろうと誘うと、「まもるくんあそびたいことといっぱいあるから早くしてねー」という）。

そして、三歳児クラスの終わりに、ペープサートを作ってあげたのをきっかけに、子どもたちが、自分たちで人形劇ごっこをはじめ、観客集めからチケットまで、たくさんのアイディアを思いついては楽しむ姿を見て、稲本先生は資料にそのときの気持ちを綴っています。

資料Ⅱ―5……………………………………………………………稲本

（前略）こんなふうにみんなからあたたかい目で見守られているりすさんてなんて幸せなんでしょう、としみじみ感じました。一年間の保育の中で一人につきあうことでも、自然とみんなのものになっていったり、「このこと！」と思って見るとまた違った姿が見えてきたりしたこと。お面作りやたたかいごっこなど、くり返しくり返しあそんでいくことであそびが広がったり、いろいろなことが見えた一年間だったと思います。そして一人ひとりの好きなあそびを知ること、おもしろさを一緒に味わっていくことの大切さを学びました。かおり先生と〝あのことってどうなんだろう？〟と悩んだり、そのことを宮田先生に聞いてもらって一緒に考えたり、聞いてもらって安心したり、先が見えたり、たくさんおしゃべりをして保育を一緒に考えてこられて本当によかったナーと一年間ふり返って資料を書いていて思いました。

そして、一年間をふり返ってつぎのようにまとめています。

資料Ⅱ―6……………………………………………………5月29日　稲本

その時はこれでいい！　という感じじゃなくて、いろいろ迷いながら、お面作りの時もただ作っているだけでいいのか？　たたかいごっこばかりでいいのか？　といろいろ考えた。いっぱい作っても使わずにいたり、すぐ新しいのを作ったり、なくしたり、また作ってと言ってきたりで〝ハァー〟とため息まじりの日もあったナーと思う。

　でもその時、その時の子どもの〝いっぱーい、いっぱーいがいい〟という思い、〝作ってほしーい〟の思いをみんな（大人）が認めてあげていたし、大事にしていたからたくさんあそびも広がっていったし、今のすずめぐみの姿があるんだなぁーと気づいた。

　子どもたちから「～しよう」と発見したあそびってとてもおもしろい。そこをいっぱい話し合って大切にたくさんあそび込んでくり返しくり返しお面作りもたたかいごっこも他のあそびもあそんでいくことで、おもしろさを一緒に味わっていくことの大切さとか、一人ひとりの好きなあそびを知ることなどなど、たくさんのことを学んだなーと思った。私もはじめての幼児、子どもたちもはじめての幼児でお互い不安になってしまったりすることもあったけど、担任はもちろんだけど、担任だけじゃなく、みんなで保育していること、宮田先生、かおり先生とも、おしゃべりタイムだって休憩タイムだってたくさん話して、「このことって？」を考え合い保育していけたことはよかった。改めて、目の前にいる子どもたちから考えていく保育の大切さを感じた一年だった。

　子どもたちが夢中になるあそびを徹底して一緒にあそび続けた若い保育者たちは、これらの資料にあるように、子どもについても、あそびについても多くのことを発見して、それがまた、二人の担任だけでなく、保育園の職員みんなの子ども理解への確信となっていきました。

2 悩みつつ揺れつつ子どものことを語り続ける

どうして、稲本先生たちは、揺れながらも、こんなに子どもたちに徹底して依拠して保育ができたのでしょう。個人の資質ももちろんあるかもしれませんが、鍵はその前年の二歳児クラス（うさぎぐみ）の一年間にあったように思います。ここでは、保育者となって二年目の稲本先生、一歳児クラス（ひよこぐみ）から持ち上がった同じく二年目の田中先生、そして中堅の安井先生の三人で保育をした二歳児クラスの一年間をみていきたいと思います。

三人の担任で子どもの姿を出し合って一つの資料にする

二歳児クラスがスタートして一ヵ月たった頃、会議で「一年のはじめに」と題して会議を持ちました。その会議に、二歳児クラスは三人で話し合って子どもの姿を出し合い、一つの資料にして出しています。

そこには、それぞれの先生にこだわる子どもの姿が書かれ、そして「大好きな大人の存在を大事にする」という見出しがつけられています。田中先生と寝たいと大騒ぎをするさとるくん、稲本先生を見つけるとほっとした表情でかけよっていくまもるくん、ママと呼んで安井先生を慕うみれいちゃんたちに対して、その人で安心することを大人としても大事にすることを確認して保育をしていることがわかります。安井先生を中心に、そういう子どもの姿を二年目の若い保育者たちが受け入れていいんだと思えるように話し合って確かめているのでした。

資料は「この子はこんなあそびが好き、を知る」「伝えたい気持ちを理解すること」「まずは受けとめる」とくくられた子どもの姿と保育の姿でまとめられていました。

話し合ったうえで、三人がそれぞれ違う子どものことを資料に書く

このクラスが二ヵ月たった頃の会議で、二歳児クラスからは、三人の先生がそれぞれ違う子どものことを書いた資料が出されました。その冒頭に、安井先生は、子どもと保育者の関係の悩みなどを三人で話し合ったことを書いています。

田中先生がひできくんのことでの悩みを話してくれたこと、稲本先生がまゆちゃんやりんくんのことで悩むことがあると話したことなどを書いた後、「大人側の思いって口に出さなくても子どもって感じとっちゃうのよね、なんて話をしながら、その後も自分の保育のなかで感じたことなどがあれこれ出されました。たかが三十～四十分くらいの時間でしたが、こんな時間が貴重だ

ったな、とつくづく思いました。そして、子どもに対する思いを率直に話せる若い（と言ってしまう私が悲しい）保育士二人、なんだかとってもいいなーと思い、中だるみ状態になりつつある中堅の保育者はおおいに刺激を受けたのであります」と述べています。クラスの担任同士が話し合えていることが資料からも感じられます。そうやって出されたのは次のような資料でした。

資料Ⅱ—7……………………………………6月3日　田中

〈ひできくんとのかかわりから〉

入園して二日目くらいから朝登園すると「おはよう」と保母に抱きついてきたり、「先生あれやろう！」「これやろう！」と保母に誘う姿など、そよかぜ保育園から転園してきたということもあり「保育園」にはかなり慣れている様子のひできくん。けれどやっぱりそよかぜ保育園との生活のちがいに戸惑いを隠せず、生活の場面のあいまには不安そうな表情をみせることもあった。四月中はおうちでも夜泣きをしたりすることもあったようで、はじめはひばり保育園にはちょっとあそびに来ていて、そのうちそよかぜ保育園へ帰るつもりだったけれどアレ？　なんかそうじゃないみたい……とひできくんなりに心の葛藤もあったようです。

そんなひできくんですが、月齢もうさぎぐみでは上から二番目、ひよこさんからの進級児よりも口はかなり達者だったため、きっと結構いろいろ（大人の言うことも）わかるんだろうと思い込んでしまっていた私。

お外で砂をばらまいているひできくんに、私「そういうふうにやるとさ、ほかのお友だちにもかかっちゃうから、やらないでね」。ひできくん「やだ！　バーカ！　先生なんかあっちいけ！　ブーッ（つばをとばすように）」。

お昼寝から起きておしっこでおしりがぬれているひできくんのフトンを、もうひできくんがあそびはじめていたので片づけようとすると、ひできくん「ダメー！」、私「まだゴロゴロしたいの？　じゃあさ、おしりがぬれてるとおフトンもぬれてお洗濯しなくちゃならないからパンツ替えてからゴロゴロしたら？」、ひできくん「バーカ！　チービ！　先生なんかあっちいけ！　ブーッ」。

あげくの果てには、「ひできくんみかん好き？」って聞いただけなのに「先生バカ！　あっちいけ！」なんて言われちゃって、いけないいけないと思いながらつい〝んもおー！　もういいよ〟と心の中でつぶやいてしまう私。そんな思いを稲本先生に告白。稲本先生も「わかる気がする」と言ってくれて、そうやって話しているうちに〝私ってひできくんと相性が合わないのかナ？〟〝ひよこさんから一緒の子たちをすごーくかわいいと思いすぎてるから新しく入ったひできくんのことかわいいって思えないのかナ？〟〝もっと長くつき合えばそういうふうに思えるのかナ？〟なんて思ったり。

ちょうどそう告白した日に学習会があり、今まで、ひできくんがかわればよくなるかも、とそればっかり考えていたけど、かわんなきゃならないのは私だったのかもしれないと思えた。また、学習会にちょうど来ていた去年のひできくんの担任の山本先生にもそよかぜ保育園でのひできくんの様子も聞くことができた。

はじめのうちひできくんは人にこだわることなく、抱っこしてくれる人を探し求めて転々と歩きまわっていたこと、ていねいにひできくんと接していくことで徐々に担任にもこだわりをもつようになり、あの人この人と転々とフラフラすることもなくなり、すごーくかわってきたということなども聞けてちょっと安心しました。

そして今はまずはひできくんの気持ちを受けとめようと思いました。また、あまり自分から「だっこ。だっこ」と言わないひできくんですがあえて抱っこしてみたり。すると今まで〝んもー！なんでこうなっちゃうの？〟といちいち思っていたひできくんの言葉も全然腹立たしいものじゃなく、また「そうだよね」と受け入れることによって「あっちいけ！　ブーッ」なんていうことも極端に減って、抱っこされるひできくんの表情もとてもかわいくって〝ああやっぱりひできくんもかわいいんだ〟と心から思えたのでした。

それと同時にこっちはそんなつもりで言ったわけではなくても、ひできくんにとって否定されてると思える言葉に対してすごーく敏感なひできくんの姿も見えてきたのでした。それにしても、こちらの接し方（思い方）ひとつで相手がこんなにかわるとはほんとにびっくりの出来事でした。

担任会議で話し合ったのですが、ひできくんに限らず「ダメだよ」とか「〜しないでね」とか否定される言葉に敏感な子がけっこう多いうさぎぐみ。冷静にならないとついそういう言葉を使ってしまいがちですが、なるべくそういう否定的な言葉を使わずに伝えていけるような大人の言葉がけが大事かナと思っています。

資料Ⅱ—8……………………………………………6月3日　稲本

〈まゆちゃんの姿から思うこと〉

先日、学習会に参加した時、トラブルなどでも〝理由もないのに……〟と思ってしまうことが多いのでは……とありました。私も四月からの保育で〝どうして？〟と思う場面がたくさんありました。まゆちゃんに対してもそうで〝何で何もしてないのにエイッてしちゃうの？〟と思っていました。でもまゆちゃんの思いを私が感じとれていないだけで本当は何かあるんだなぁー、もっとまわりを見てまゆちゃんから見た世界があって、それを知りたいなぁと思い、かかわっている時もそうでない時も気にしながら見ていた時のことです。

朝、ひよこぐみのゆうりちゃんがオモチャを持ってあそんでいました。近くにいたりんくんがそれを見てゆうりちゃんの使っていたオモチャを取ってニヤッ。テラスから見ていた私と目が合ってニヤッ。「とっちゃったもんねぇー」というように私にオモチャを見せてニヤニヤ……私は「あーあ」という顔をして「ゆうりちゃんが使ってたねぇ。ほら、返してーって言ってるよ」とテラスからりんくんに伝えると、それを聞いていたまゆちゃん、テラスから外の方へ向かい、外にいた坂本先生をチラッと見てトコトコッとはだしで外へ出てりんくんの所へ行き「だめよー」っとオモチャを取り、ゆうりちゃんに返すのかなぁと思うとそうではなく、そのままゆうりちゃんを押すようにどかすと私の方をチラッと見て〝何て言うのかなぁ〟という感じ。ひよこさんのそばにいた坂本先生や山田先生から「まゆちゃんやめてね」と言われると顔をじーっと見ていたまゆちゃんでした。

そして土曜日、来るお友だちも少なくうさぎぐみはまゆちゃん一人で、ひよこの先生が遅々番だった時、朝の時間（受け渡し）を過ごしていると、かんなちゃんの頭をサークル車にエイッとしてみたり、はるちゃんを押してみたり、みんな泣いて、そんな姿、様子を見てさえちゃんも泣いてしまったり、そんなこともあって、まゆちゃんをマークしてしまったり、手を出そうとする時に手で止めたり、エイッってしないでお口で教えてあげてねとか言ったり、そばにいるだけでも何かドキドキしていた私……。

でも大人のそういう思いってまゆちゃんは敏感に感じていたのかなあと学習会の話を思い出しました。赤ちゃんや小さいお友だちが大好きなまゆちゃん、イイコしようと思っても大人が何かしそう、という目で見てしまったり、言葉をかけたり、まゆちゃんも安心できなかっただろうなあと思いました。

そんな思いがさまざまな行動にあらわれているのだと感じました。大人同士や大人と友だちとのやり取り、話なども気になったり、声がけにも影響されたり、「ダメ」とか「～しないでね」という否定的な言葉に反応してお友だちを注意したり、たたきに行ったり、また、本人でもないのに、そのことを自分のことのように受けとめたりしていたまゆちゃん。大人の行動や言葉などにも気を配り、伝えていけるようにしたいです。

そして昨日のお昼後、『ねないこ　だれだ』（福音館書店）の本をとってもうれしそうに安井先生に読んでもらっていたのぶきくん。それを見て「まゆちゃんも」……最初はのぶきくんが大事に読んでもらっていた本をまゆちゃんに（自分に）貸してくれるのか試している感じだったけれど「だめよー」と言われ、「同じ本があるかもしれない」という声に「ないよー」とのぶきくん。「あるよー」とまゆちゃん。しばらく「ないよー」「あるよ！」「ないよー」「あるよ！」と言い合っているうちにわからなくなっちゃったのぶきくんが「あるよー」。そののぶきくんの言葉で少し気持ちが落ち着いたまゆちゃん。「じゃあさがしてくるね」と安井先生とのぶきくんが探している間に、パジャマに着替えて田中先生を待つことにしたのでした。いろいろ探したけれど、結局なくて……そのことをまゆちゃんに伝えようとして行くと（まゆちゃんはもう忘れていたようなのですが）のぶきくんが「いーよー」と貸してくれて、まゆちゃんもさっきの出来事を思い出したようでうれしそうにニコニコ。その後もずっと眠りにつくまでその本を大切にしていました。

大事にしていた本をのぶきくんが貸してくれたことで自分の気持ちが相手に伝わった、わかってもらえたと思えて、とってもうれしそうなまゆちゃんだったのです。

その時その時で忘れていたり終わりになってしまうこともあるけれど、まゆちゃんの出している思いを感じとってあげたい、そして要求を受けとめ、かなえてあげることが大切だね、ということも昨日の担任会議で話し合いました。まゆちゃんが安心していっぱい自分が出せるように、大人が先へ先へとすすんでしまうのではなく子どものペースで一緒にかかわっていきたい。そして言葉だけではなく、身振り、表情などいろいろなサインに気づいていってあげたいと思っています。

資料Ⅱ―9……………………6月3日　安井

〈まもるくんの姿から〉

朝のおやつの時のことです。テラスに丸テーブルを出しておやつを食べようと着席した子どもたち。まもるくんもおやつを食べようと座りました。ところが、そのとなりにまゆちゃんが座ろうとしたら「まゆちゃんはだめなの！」とつきとばしてしまったのです。まゆちゃんは当然くやしくて「バカー！」とふるえながら怒って泣いていました。その様子を坂本先生、稲本先生、そしてちょっと離れたところで安井が見ていました。

稲本先生に「となり座っちゃだめなの？　まゆちゃん泣いてるよ」と声をかけられたものの気にもとめない様子のまもるくん。まゆちゃんはまだ泣いています。「どうしてエイッてしたのかナー」と聞かれても答えません。それでうしろから坂本先生が「まゆちゃん、エイッてされてやだったよねぇ」と声をかけてくれました。そんな中、フラーッとまもるくんがたちあがったと思ったら安井のところにやってきて、ニコーッと笑い抱きついてきました。今の出来事を安井は知らない、と思っているようです。でも知っていた私。まもるくんを抱っこして「まゆちゃん、おとなり座りたかったんだねー、いいよっていってあげようか？」と声をかけてしまいました。すると抱っこからスーッとおりたまもるくん。部屋へスーッと入っていき、そこであそんでいた二、三人のりすさんたち（三歳児クラス）の様子をジーッとながめていました。「まもるくんおやつは？」と言われても、食べる気をそがれてしまったのか、くる気配なしなので、しばらく様子をみることにしましたが、しばらくたって半分くらいの子がごちそうさまをする頃、自分で戻ってきました。もうさっきのことにはふれず「おやつ食べる？」と聞くと「ウン」といってなにごともなかったように食べはじめました。

まもるくんがまゆちゃんにだめ、といって泣かせたこと、まゆちゃんにとっては、どうして？という悲しい気持ちでいっぱいだったと思う。それ以前に二人にイヤーな関係があったわけでもない中で、悲しいまゆちゃんの気持ちを大人たちはよくわかってなんとかとりもとうと思っていたと思うけど（私もふくめ）、そのやりとりの中でまもるくんのことを気遣う大人がいなかったのも事実。だめーといったまもるくんの気持ち、もしかしたら、なんの気なしに口からポロッとでただけの言葉だったかもしれないし、またまゆちゃんが座ったとき、ちょっと手がふれてイヤな気持ちになったかもしれない。でもまもるくんがだめーというだけならまゆちゃんがまもるくんに対して不快になるようなことはしてないと思う（もしそういうことがあれば「まゆちゃんいたいよ！」「まゆちゃん、やんないでよ！」とそのことへの反抗をするので）。

だれもまもるくんが悪いとかそんなこと言っちゃだめと否定したり責めたりはしていないけれど、まもるくんの思いはだれも知ろうとはしていなかった、そういうことをすごく感じとってしまったのだと思う。自分がいった「だめー」の一言がこんなふうな展開になるとは、そんな深い意味でいったわけでもないのにおおごとになってしまってどうしていいかわからずに私にすがってきたのだと思うと、もう私の一言も〝余計なひとこと〟だったナーと胸が痛む。

「だめー」っていわれて悲しくなったまゆちゃんの気持ちはわかっているからこそ、大人のいうことに怒ったり反抗したりせずに一人でうさぎぐみの部屋へいって風がおさまるのを待っていたようだったまもるくん。でもそのときの気持ちを思うとさぞ心細かったろうな、と。自分自身をふり返ってみても、大人って最終的には結果を求めたがる。たとえば「ごめんね」といえること、「いいよ」とゆずれること、「わかった」という言葉などなど。そういう姿が見えたことで、悲しかった相手が納得するとなんとなく思っているところがあるのではないか？　悲しがってる気持ちを知らせることも大事だけど、そのことを伝える人ばかりじゃ、相手のことを思いやる気持ちにはなれないし、やさしく受けとめられてはじめて「わるかったカナー」という思いが素直に自分の中でも受けとめられると思う。まゆちゃんだってまもるくんに「となり、いいよ」といってもらえなくても稲本先生に「いやだったねー、悲しかったねー」と抱きとめてもらえたことで、それでもうすんだことだったのかもしれない。

〝否定しない〟〝まずは思いを受けとめる〟。そんなことを今年一年大事にしていこうと常々話してはいるけれど〝否定しない〟中味も奥深く考えていくことなんだと改めて思った出来事だった。かける言葉以上に大人の思っていることも敏感に感じとる力も育っていて、そういった面でも本当の意味で配慮していかなくては、と思う。まずは大人たちが同じ方向を向いて同じ視点だけで一つの事柄をつめよったりしないように……と思う。

子どもの姿に悩みつつも、自分の思いを担任同士でわかり合って学びながら保育していることがわかります。

さとるくんのことを三人で一緒に悩む

七月には、さとるくんのことで悩み、三人で話し合ったこと、悩みながらの保育の姿を資料にして会議に出しています。ここには、いくら言い聞かせても効き目がないさとるくんに、歩きながら食べるなんておさるさんみたい、動物園に電話して連れて行ってくださいって頼む、と言っておどしてしまったことなどが率直に書かれています。

資料Ⅱ—10……………………………………………7月28日　安井・田中・稲本

最近、ますますこだわる姿が増えてきているうさぎぐみさんたち、あそびも生活の面でもそうですが、お友だちなどにも見せてくれます。そんな中でのさとるくんの姿から思うこと、感じたこと、そしてこれからのことを担任で話し合いました。

先日、幼児プールに入った時のことです。ゆうじくん、ひできくんが先に入ると外へ出たので少しオモチャを持ってプールに向かいました。すすむくん、のぶきくん、けいこちゃん、そしてさとるくんが幼児プールに入りました。最初は水の深さにドキドキしながらあそびはじめ、少し慣れてきた頃、ひしゃくに魚のオモチャなどを入れてあそびました。それぞれ好きなものを手に楽しげにあそんでいると「さとるくんもこれがいー」とけいこちゃんの持っていたワニのオモチャを手にしています。けいこちゃんから貸してもらった他のおもちゃはもうなくて……でもひできくんには持っていたひしゃくを貸してもらえずしばらく近くにあったひしゃくを使ってあそぶさとるくん。しばらくすると今度はのぶきの髪をひっぱりけんか……。「どうしたのー」の声に「さとるくんもこれがいいー」とのぶきくんのひしゃくをほしがります。「さとるくんも使いたくなったのかー。でもね、これはのぶきくんが使っていたものだからあそこにもあるよ」と声はかけてみるものの、のぶきくんの使っている「これがいい」と言うさとるくんです。「さとるくん、あのね。お水、いっぱい入ってるし同じのあるかなあーって探しに行きたいけど先生がいくとプールに誰もいなくなっちゃうの。プールでいっぱいけんかすると、ころんだりしてブクブクってなったらビックリしちゃうよ。もう一つあるからこれでもいい?」の声に「わかった」とさとるくん……と思ったら、またのぶきくんの髪をひっぱり「これがいいのー」。もう一度声をかけると「うん」とうなずくさとるくん、そしてまたのぶきくんの髪をひっぱるのくり返しなのです。

「さとるくーん」とお話しているとしばらくしてのぶきくんが「いーよー」と貸してくれたので

すが、その時はうれしそうに持っていてもすぐポイッ、また違うところに気が向くのです。「さとるくん、のぶきくんが貸してくれたの使わないのー」の声にもしらん顔なのです。私はさとるくんにどういうふうに伝えてあげたらいいのか言葉につまってしまいました。あんなに欲しいと言ってのぶきくんのひしゃくにこだわって貸してもらったのに違うのかなあ。本当に欲しかったのかなあ。あそび方（プールの）がわからないからかな、と考えてしまう出来事でした。

そんなさとるくんの姿がプールのことだけでなくいろいろな場面でできます。言ってもさとるくんの中でストンと落ちなくて、けんかなどのトラブルでも、今言っておきたい、今伝えないとさとるくんってどうなっちゃうのかなあ、いろいろ感じているのかなという思いがあって、さとるくんの心の中に響いていないなあと感じていながらもつい、〜で〜だから〜なんだよね、〜したらいやだよね、〜したかったの。だから怒ったの？　でもねギュッてしないでお口で教えてなどなど……つきつめて言ってしまうのです。

話をしてもどこで終わらせていいのか私自身わからなくなってしまうこともあったり、もうここまで言えばいいのかなあ、とか、「わかった」って言ってもらいたかったり、その「わかった」の言葉で終わりにしてしまったり、言いきかせてしまっている。でもこのことってさとるくんの中でどういうふうに思っているのかな、どんなふうに感じているのだろう？　とさとるくんに伝えていく難しさを担任同士悩んでしまいました。こだわりが増えてきている中で人にもあそびにもあまりこだわりを見せないさとるくんの姿（田中先生の資料にも書かれていると思いますが……）。

これからどういうふうにさとるくんに寄り添った手だてができるか三人で話し合いました。まずやはり安心できる大人との関係、いっぱいさとるくんを受けとめ、その思いを受けとめてくれる大人との関係が大切。ひよこ時代からあまり人にこだわらなかったさとるくんに、もう一度大好きな大人の存在ということで田中先生が意識的にあそび、生活、トラブルなどの場面でかかわっていくということをやってみようと話の中で出されました。

そしてトラブルの時などつきつめて話すのではなくて、たとえばその相手のお友だちに～だったんだって、～だよねと間接的にさとるくんがわかるように伝えていってあげたり、わかるようなかかわりをしていってみよう……と話しました。（後略）

資料Ⅱ―11……………………………………………7月28日　田中

保育士の言っている言葉がちゃんとのみこめているのかな？　と日頃から思っていたさとるくんですが、このあいだのおやつの時のこと、おやつのパンを手に持ってあそんでいるさとるくんとまゆちゃんに「あらあら、そうやってあそびながら食べてるんだったらもうごちそうさましてください」と言ってパンを取ってしまうと、「まだ食べるのぉー」と二人。「えーっ、だってさ、まゆちゃんにもさとるくんにもいっつも言ってるじゃない。ごちそうさましてからあそんでねって。そんなふうに食べながらあそんでいる人には先生パンあげたくないんだけど……」と話していると安井先生もやってきて「えーっ、歩きながら食べるなんておサルさんみたーい」と言ってくれたので、

「そうだ、田中先生ちょっと動物園に電話してくる、『ひばり保育園におサルさんが二匹いるんですけど。つかまえて動物園に連れてってください』って」とちょっと二人をオドすように言うと「えっ」というしんみょうな顔のまゆちゃんと「ヤダーヤダー、ダメーダメー」と必死のさとるくん。「じゃあさ、あそびながら食べたりしないでちゃんとごちそうさましてからあそんでね」というと「うん」と二人。

やっとの思いで再びパンを食べられるようになったさとるくん……のハズなのに、そのすぐあとふと見ると、またまたパンを手に持ってあそび歩いているさとるくん。まゆちゃんは……と見るとちゃんと食べ終わってあそんでいて。〝あれほどさっき「ヤダーヤダー」と言っていたのに、あれは何だったんだろう?〟と思いつつ、「さとるくんさ、先生さっきなんて言ったっけ?」と聞いてみても〝へっ? なんのこと?〟という表情のさとるくん。「なんかさとるくん全然わかってないみたいだからやっぱり田中先生動物園に電話してくる」と言うとハッと思い出したようで「ダメーダメー」とベソをかきながら言うさとるくん。「じゃあ、どうする?」と聞くと「座って食べるぅ」と言っていたけれど、「でもさ、そうやって何回も何回も食べたりあそんだりはヤダから、今日はもうごちそうさまにしてね」というと「うん」と言うさとるくんでしたが、「うん」と言ったその足で、おやつのテーブルにいた佐藤先生のおヒザにドンッと座り「食べるぅ」と言っているさとるくんを見て、ほんとにわかってないんだなあとつくづく感じた私でした。

私の言っている言葉は「うん、うん」と聞いているけど、すべて右の耳から左の耳へぬけ出ている感じ。その中で「動物園に……」という言葉だけは〝嫌なこと・ちょっとこわそうなこと〟として頭の中にちょこっと止まったようだけれど、どうして「動物園に……」となったのかとかそれは嫌だからこうしようとか、そういう背景はまったく見えていないようです。

ぶたれたり転んだりして泣いている時もウワーと泣きながらもピピッとあいている保育士を察知し（それはそれは的確に）、その保育士めざしてダンダンダンダン……と走ってくるので、ヨシヨシと受けとめ「さあ、どうしたの？」と聞こうとする時にはもうさとるくんの気持ちはほかに移っているといった状態で、〝アレッ！　もういいの？〟と残された保育士はポカンという感じです。

あそんでいる時も人が使っている物が次々欲しくなるさとるくんなので、次々奪って歩くのですが、その奪い方も〝あーいいな、でもあれは○○くんが使っているし、でも欲しいから取っちゃえ〟とかそういう迷いは全然見られず、〝欲しいー。取っちゃえー。あれっ？　取れない。髪ひっぱっちゃえー〟と、〝欲しい〟となると欲しい欲しいということしか頭にはなくなり、○○くんがこういうふうにして今使っている物なんだというその物の背景もまったく見えてない感じのさとるくんです。そこでもちろんけんかになるので保育士が仲裁に入り「さとるくんも欲しかったの？　だけどこれは今○○くんが使ってるみたい等々……」と話をするのですが、あんなに大げんかしてまで欲しかった物のはずなのに、話をしているそばから、大事に持っているわけでもなく、ポイッポイッと捨てて歩いているのです。

そんなさとるくんに、通じてないとわかっていながら「そんなふうに髪の毛ひっぱっても貸してくれないんだよぉ。これはさ、○○ちゃんが今こうやってあそんでてね……」とこんこん言ってしまう私。言っても言ってもさとるくんと心が通じ合えるわけでもなく、逆に言えば言うほどさとるくんの気持ちは違うほうへ移っているのがわかっていながら……。言っても言ってもなので、どこで終わりにしていいのか私のほうもわからなくなり、結局最後には「わかった?」「わかった」とわかっていないのがみえみえなのに、半ば強制的に「わかった」と言わせてしまうのです。

今のそういうやり方がさとるくんにはまったく意味がないことだとⅠ期を通して少しずつわかってきた私たちなので、Ⅱ期は少しやり方を変えて努力してみようということになりました。

さとるくんとのかかわりに悩む保育者の姿は、多くの人が経験していることと重なると思います。これらの資料を読んでいると、どうしたらさとるくんと気持ちが通じるか、読んでいるこちらも一緒に悩んでしまいます。それだけ、子どもの姿も保育の姿も、事実が具体的にていねいに描かれているのです。うまくできなくて困ってはいるけれど、悩みが担任同士で共有できているので、あきらめず、また考えてかかわっていってみようという前向きな気持ちも感じられる資料です。

あそびの計画について悩む

夏がすぎて、夏の間、毎日水でたっぷりあそんだけれど、その水あそびのなかでも、どれだけ子どもが本当におもしろいと思えるあそびを提供できたのだろうか、保育者がもっとあそびを計画し、子どもからの発信を待つだけでないあそびの発展を考える必要があるのではないか、と三人は日々の保育をふり返って考えます。

そして、一人ひとりの子どもに対しては手だてを考え、話し合って保育してきたけれど、保育の内容については、手だてを考えた計画ができなかったのではないか、と反省しています。それは、たとえば、三人の連名で、安井先生が書いた次の資料にあらわされています。

資料Ⅱ―12……………………………………9月3日　田中・稲本・安井

（前略）春の頃は新しい環境の中で、このくらしが心地よいものと、どの子もなるようにと願って、それぞれがどんなことを思ってどんなふうに育ちつつあるのか、まずはつかむことが重要という思いから個への対応や働きかけをなるべくていねいにし、担任同士でも見方や姿を一致できるように努力してきたつもりだ。だけどそれは逆に子どもの姿待ち、あそびも子ども側からのあそび待ちになってしまったようにも思う。受け身の保育だったのではと思う。

発信されたあそびには仲間に入ってあそびを楽しんできたけれど、それが子どもからの提案ではじめてあそびはじめるから、大人側の意図を考える間もなく、その場その場での対応となってしまう。月齢差があるなかでは時として仲間に入れなかったり、という思わぬトラブルに発展することもあった。

しげたくんとりんくんのこともそうで、食後しげたくんたちがブロックでごっこあそびをはじめるとりんくんもスーッとその中に入っていった。「いれて」もなにもなく土足でヅカヅカふみこんでくるようにあそびに入ってくるりんくんのことを受け入れられないしげたくんは（言葉はなくてもそれなりの雰囲気をもちながら仲間に入っていくのがこのころの子どもたち）「だめ」とりんくんを仲間はずれにしようとしたのだ。それをそばで見ていたので、「どうしたの？　りんくんもあそびたいみたいだよ」とあれこれ話すと、まあいいかと仲間に入れてくれた。しかし、ごっこあそびで、なりきってあそぶ他の子の中で、りんくんは「△○×□……」となんて言っているかわからない言葉としぐさでケタケタ笑っている。それに共感して笑っているのはのぶきくんなのだが、意味のない言葉としぐさを発して友だちと楽しさを共感したい段階のりんくんと、時にはそういうことで共感関係をもつことはあるけど、今は一つのイメージでごっこを楽しんでいる最中のしげたくんは、あそびが違っていて、しげたくんはりんくんの姿を共有できなかったのです。

「えっ？」「えっ？」とりんくんの言葉をなんとか聞き取ろうとするしげたくん、そのうち「なに言っているかわからなーい」と半ばあきらめ顔で言っていた。

こんなふうに育ちの段階がちがうことでどの子もごちゃごちゃしながらあそびを共有する場面がもちにくくなっていることも見えてきているこの頃。あそびとならんで、そういうことを意識せずにくったくなくあそべるチャンスも意図的に作っていかなければとも思う。そのためには大人は子どもの姿を予想しつつ、計画性をもった保育を進めていかねば、とも思う。

秋はごっこが充実してくる時期でもある。リュックという小道具も遠足という共通の経験をする中でたっぷり活用していきたいし、また、七ひきのこやぎごっこやカブごっこなど、どの子も知っている物語をくり返しくり返し楽しみながら「またやろう」と思える子どもたちがワクワク心躍らせるようなあそびを提供していきたい、とも思っているところだ。

でも、同じ時の資料で、夕方の短い時間にあそんだごっこあそびの楽しさを稲本先生が書いていて、あそびのことについて悩みながら、実際にはごっこのなかで楽しんでいる子どもたちの姿もしっかりキャッチしているのでした。

資料Ⅱ—13……………………………………………………9月3日　稲本

〈夕方のあそびのなかで〉

私が遅々番だった時のこと、テーブルの上にお皿、スプーンを並べ、「どーぞ」とごっこあそびがはじまりました。そこでフェルトのオモチャを出すと、まゆちゃん、りんくん、まもるくん、ふうとくんが何かせっせと作っています。お買い物が大好きなまゆちゃんは「先生、買い物行こうよ」と誘ってくれたので、「リュック持って行ってみる?」と誘いみんなで買い物へ行きました。

イチゴ、バナナ、メロンとお部屋に寄ってそれぞれの子が思い思いのものを手に持ったり、リュックに入れたりしています。赤いブロックを見て「トマトあったよー」。その声を聞いて丸いブロックを手に「ダンゴ、ダンゴ」とりんくんです。そんなお話もキャッキャと楽しそう。次々発見！という感じ……そしてお部屋のコーナーに戻って食べました。すると今度はまもるくんが「牛乳買いにいこう」と再びお買い物へ……ちょうど牛乳パックを見つけて「あったよー」とうれしそう。ゼリーカップも買って、またコーナーに戻るのです。私が「先に帰って待ってるねー」と帰ると「ハーイ」なんて言いながらしばらくして「ただいまー」と戻ってくるのです。

コップを並べてゼリーのカップに折り紙を入れて「ゼリーどうぞ」とさし出すと、ペロペロなめるりんくん、スプーンですくって食べるまゆちゃん、まもるくん。ちょっと強引かと思ってしまう場面もあったけれどとっても楽しげにワイワイとごっこが広がるんです。いつの間にかそこ（コーナー）はおうちで本を読んだり「夜でーす」と言えばとなりのたたみでゴロン。

そして押し入れの上へおでかけしたり、場もあちらこちらで広がっていきました。お迎えに来るまでの少しの時間でしたが、目を合わせてニコニコしている姿は友だちとつながってその楽しさを共感している、という感じなのです。こんなふうに私もたっぷりごっこに入ってあそび、子どもだけでなく大人も「あー楽しかった。またやろうね」と言えるそんなことを感じることができました。

そして私は、子どもたちがこんなふうにごっこがもりあがり（所々けんかはありながらも）あそべるようになってきたんだなあーと実感したのでした。Ⅲ期に入り運動会も近づいていますが、子どもたちがたっぷりあそび込めるような設定とか環境、そのあそびを大切にし、どう保育の取り組みをしていくか考えたいと思います。

他の園のごっこあそびの話を聞いて

九月の末、他の園との学習会で同じ二歳児クラスのごっこあそびの様子を聞いた田中先生は、ちょうどあそびの計画のことで話し合っていたこともあり、自分たちのクラスは遅れているように感じたようです。

帰ってクラスに報告し、さっそく「おおかみと七ひきのこやぎ」のお面を作ってごっこあそびに取り組みます。やってみると、先生たちの思惑とは違う子どもたちの姿がぞくぞく出てきて、戸惑う先生に頓着なく、子どもたちのごっこは発展していくのです。その様子を克明に書いたのが、次に載せる田中先生の資料です。

資料Ⅱ―14……………………………9月29日　田中

九月の市内十園研究会で、今自分のクラスではどんなあそびをしているか、ということをそれぞれ出し合った。くりのき保育園の一、二歳児クラスでは『おたまじゃくしの101ちゃん』（偕成社）ごっこ、たいよう保育園ではけっこん式ごっこ、デートごっこ。他の園でも、もうごっこが盛んに行なわれている様子を聞き、「スゴーイ！」と思うと同時に、ちょっぴり遅れをとったような気持ちになった私です。

そこで次の日、園に戻り、そのことを他の担任二人にも話し、さっそくうさぎさんでもごっこあそびをやってみることに。何回か絵本でも読んだことがあった『おおかみと七ひきのこやぎ』（福音館書店）のお面を作ってみることにしました。画用紙に描かれたおおかみとこやぎをハサミでチョキチョキ切りはじめると子どもたちが興味を示し、次々と集まってきました。「おおかみとやぎさんどっちがいい？」と聞くと、なぜか「おおかみー」「しげたくんもおおかみー！」「ゆうじもおおかみー」「まゆちゃんもおおかみー！」……とおおかみばかりゾロゾロのみんなにちょっぴり不安になった私。そんな中、お話の内容がわかっているのか、けいこちゃんは「やぎがいい。こわくないから」。それを受けてけいこちゃん大好きのみれいちゃんも「やぎがいい。こわくないよ」と押し入れの下の段にかくれると、おおかみもドドドーッと入ってきたので、「キャーッ！　おおかみさんは入ってこないでくださーい！　トントンってしてちょーだーい！」と言ってみるものの、おおかみたちはキョトーン。しょうがないので「大変だわ！　おおかみがおうちに入ってきたわ！逃げなくちゃ！」と二匹のこやぎをつれて逃げるとおおかみが追いかけてきて、いつのまにやら追いかけごっこに。やぎが逃げておおかみが追いかけてーと思って私はやっていたのですが、ふと横を見るとキャーキャー言いながら一緒に逃げているおおかみくん。ゆうじおおかみが追いかけてくるので、キャーッと逃げてホールのカーテンにかくれゆうじくんが見つけてくれるのを待っていると「自分もカーテンの中に入りたーい！」と怒るゆうじくん。泣き出す人も続出。おひるの時間になり、おおかみさんたちは「さあ！　こやぎを追いかけるのにもっと力をつけなくちゃ！　ごはん食べよう！」、やぎさんは「もっと力をつけておおかみさんから逃げなくちゃ！　ごはん食べましょう！」ということでごはんに。フゥーッとひといきついてふとテーブルをみると「ヤラナイ。ヤラナイ」と言っていたふうとくんがやぎのお面をかぶってテーブルについているんです。〝けっこうやりたいんじゃーん〟ということが発覚。

こうやってはじまったおおかみごっこですが、私の中では〝うーん、なんかちがーう〟という感じ。私が思い描いていた「おおかみと七ひきのこやぎごっこ」は、お話の内容、たとえば「トントントン」とおおかみがきて、こやぎたちが「手をみせて」とか言って、そういうやりとりを楽しみつつ、さいごにおおかみがおうちの中にガオーッと入ってきて追いかけごっこになるとか、そういうのを思い描いていたので、おおかみ続出からはじまり、私が思い描いていたものとはまったく違った展開にちょっぴりショックをうけたのでした。

そして何回かそうやって追いかけごっこをくり返すうち、ある日なぜかおおかみさんとやぎさんが仲良く同じおうちで暮らすことになりました。おうちの中でのおおかみとこやぎごっこがはじまると、自然と「まゆは赤ちゃん」「まもるはお父さん」とおうちの中での役割ができてきました。

するといつもはだっこだっこのふうとくんも「お父さん」になって、まゆちゃん赤ちゃんをイナイイナイバァしてあやしたり（しつこいくらい子ぼんのうなのですが）、追いかけごっこの時はいまいちのりきれなかったひできくんやしげたくんも「お兄さん！」になって料理を作ったり、学校に行ったり。保育士もふうと父さんの妻になったり、隣りのおおかみのお姉さんになったり。

テレビや洗濯機や冷蔵庫も作って、おおかみ家も近代化。テレビが届けられた日はみんなでテレビの前に座り（正座する人もいたりして）、まさに「はじめてうちにテレビが来た日」っていう感じ。隣りのおおかみお姉さんがレストランを開いたからと招待券をくれるとその気になってテーブルに向かう子どもたち。お店の人に「招待券を見せてくださあい」と言われ、自分だけ持ってないとわかると「ない！　ない！」と本気であたふたし、いつものように「抱っこで食べたーい」の声にレストランのお姉さんに「ここは高級レストランですので、抱っこで食べたりしないんですぅ」と言われ、「あっそうか」と思ったり、そんな子どもたちのなりきり様をみて、私自身もふうと父さんの亭主関白ぶりに「ハイハイ」とつき合ってあげてる一枚上手の妻になりきり、ほんとに楽しいのです。

おうちごっこに発展してみて、〝これが私が求めていたあそびなのよ〟とでもいうように、「赤ちゃん」になりきるまゆちゃん、保育士扮するおおかみの妻にベタベタしながらも、楽しげにおおかみ父さんになっているふうとくん、のり遅れちゃったけれど「赤ちゃん」になることで、おうちの中に入れたけいこちゃん、「トントン」とおうちをたずねると「足をみせてくださーい」と一人お話に忠実な、まじめなまもるくん、などなどふだんでは見られないごっこの中ならではの姿もたくさん見えてきます。

「うーん、なんかちがーう」と思いつつはじまった「おおかみと七ひきの子やぎごっこ」ですが、おうちごっこに発展していったことで、「こんなふうにも楽しめるんだ」「こういう楽しみ方もあるんだ」と私が思い描いていたものよりもずーっと楽しい今のうさぎぐみのおおかみごっこです。

資料にあるように、他の園の保育を聞いてイメージしたごっこあそびとは違っても、それぞれの子どもが、自分のつもりをのびのびと出しながら、友だちや保育者とのやりとりを楽しむ姿に、三人は、これはこれでいいのかなと思えたようでした。

そして、そのごっこあそびはおうちごっことして発展し、運動会でも披露しました。その後も、子ども一人ひとりのつもりがいろいろ違って、でもそれぞれちゃんとつもりはあって楽しんでいく姿がみられます。

子どもの姿に悩みつつ、三人で相談しながら保育をする

同時に、その時期、担任会議でひできくんのことが話し合われ、かかわり方について検討しています。その内容は、次のようなものでした。

資料Ⅱ―15……………………………………10月28日　安井・稲本・田中

（前略）ひできくんの姿がちょっと気になるねっていうことが担任会議で出ました。だだこねするけど、受け入れてもらえないってことがわかるとクルッと態度をかえて、今度は受け入れてもらえそうな条件を出してみたり、大人の言葉にすごく敏感だったり、「これあげるからしげたくんこっちおいで」と言ってみたり、二、三歳児らしい子どもっぽい姿があんまり見られないよねということが出ました。

稲本先生が「そういえば今日もね、ごはんの時にハナが出てたから、ふいてあげようと思ってけいこちゃんに『ティッシュ取ってくれる?』って頼んだら、ひできくんが『けいこはヤダ!』って言うんだよね。そういう言い方しなくてもいいのにって思っちゃった」と。

それを聞いて、そういえば、その前に私がひできくんに「ハナ出てるよ」って言ったことを思い出したのです。もしものぶきくんがハナ出てたら何も言わずにふいてあげるのに、ひできくんがハナ出てたら「ハナ出てるよ（ふいたら?）」と無意識に言っちゃってることってほかの場面でもあるかもね、そういうのってひできくんすごく感じてるのかもということになり、のぶきくんとひできくんに同じレベルで接してみようということになりました。

イヤな気持ちになる言葉を言ってきても、それは聞かなかったことにしてみよう、カチーンとくる気持ちを大人がおさえておさえて、そうすることによって、どういうふうにかわっていくのか、かわらないのか、わからないけど、どうなるのか、とりあえずやってみようということになりました。

ひできくんが、大人っぽい口の利き方をすることで、つい他の子よりも大人扱いしてしまったりすることを反省し、かかわり方を変えようと努力していることがわかります。ひできくんの行動に対して、どう理解し、どのようにかかわったらよいのかについての悩みはその後も続き、何度も保育討議に資料が出されます。そのうちの一部を紹介します。

資料Ⅱ―16……………………………………1月20日　田中・稲本・安井

今年度、資料や会議でなにかと話題にのぼることの多かったひできくん。感受性が強くて相手がどう思っているか、ということに敏感に反応してしまうこと、本当はまだまだ大人に甘えて寄りかかっていたいのに、そういうふうにくったくなく、身をゆだねられないつらさがあること、そしてだれよりも「ひできくんのこと、大好き！」と思ってほしい気持ちなどなど、日々一緒に暮らし、いろいろな場で話題にしていくなかで見えてきた姿もたくさんある。そしてその度に〝じゃあどんな手だてをしていったらいいのか〟ということを考えながら保育もしてきた。そして年があけた。姿としてはかわってきたなあと思える部分もいっぱいあるけれど、〝どうしてこうなるのカナァ〟と思う場面にもまだまだ出会う。

〈一月十四日の姿から〉

この日の朝はおやつの後、ゴミ収集車ごっこをしたいとゆうじくんのために車を製作する安井チームとライオンごっこをしたい子どもたちにお面を作る稲本チームになんとなくわかれての保育で

スタートした。（中略）

ゴミ収集車完成！　うれしそうにのりこむゆうじくん。そこにさとるくんもやってきて、二人で、落ちているブロックをゴミにみたてて拾いはじめたのだ。ふうとくんも少し離れたところで様子を見ているが、そばにいってみると「ふうとはねー、ここでピーッピー、バックオーライする人なの」と役割を決めている。そのそばには空っぽのブロックかごがおいてあって、「これは清掃工場でーす」といった言葉をよく聞いていたんだなあと思った。そんな中、気がつくとひできくんが収集車の運転席にドカッと陣どっていた。

それからが大変。収集車の進む方向からゴミの拾い方、あげくの果てには収集車のフタを開けるとか閉めるとかもひできくんが決めること、みたいな状況になり、すっかりその場をしきっているひできくんなのだ。ちょっとひできくんが思っていることと違うことをしようものなら、怒りまくってしまうので、もう言い返す気分も失せてしまうのか、一人、また一人と抜けて、とうとうあのゆうじくんまでもが、だまーって抜けてしまったのだ。

その時私は「でもさー」と他の子の気持ちを代弁するようなことを言ってしまい、そのことでよりいっそうひできくんの「ひできが！」に拍車をかけてしまったんだなあと思ってしまったが、けっきょく一人ではつまらないし、なによりもそういう状況になってしまったことを感じてしまったひできくんなので、そのうちイチゴ室のブロックを一コみつけたひできくんが「コレ、イチゴさんのだよ」といってきたとき、「そうだねえ、じゃあゴミ収集車でイチゴ室の清掃工場まで届けてくださーい」というと、ウンわかった、といってゆうじくんを誘い、イチゴ室へとでかけていった。

このあとイチゴ室から戻ってきた二人は、小沢先生作の紙の剣をひっぱり合って、大げんかをはじめた。ひできくんは怖い顔をしてものすごい勢いでひっぱるので、ゆうじくんは「ゆうじのォ……」ともうベソをかいている。

ひとまずひできくんから剣をとり、「どうしたのぉ?」と聞くと「これほしいの!」とひできくんは大泣きをはじめた。「そっかー」といい、「だれからもらったの?」に、ひできくん「のりかず……」、「さいしょだれがもらったの?」ひできくん「……ゆうじィー」。ゆうじくんがのりかずくんからもらったものをひできくんもほしくなってしまったということのようだ。

ゆうじくんに「ゆうじくんがのりかずくんにもらったものだったの?」と尋ねてみるとコックリうなずく。「ひできくんもほしかったの?」というとひできくんもコックリ……泣き声も落ち着く。「そっかー、じゃあさ、これはゆうじくんがもらったものだから、ゆうじくんに返そうね。それでひできくんのはあたらしいの作ろうね」というと落ち着いてそのことを受けとめられたひできくんだった。こんな場面がこの日、もう一回あった。

以前のひできくんなら、ほしいものがあった時、相手を威嚇して強引に手に入れ、その後はいくら仲をとりもとうとしてもこちら側の言葉は受け入れられず、バカ、アッチいけー! とおはなしにならない状態だったように思う。その時から思うと、こちら側の投げ方に耳を傾けられ受けとめるようにもなったのかな……そういう面では直線的な要求(ほしいものはほしい!)も、出してもいいんだ、という安心感がもててきたのかなあ、と思えたりもするのですが、裏を返すと、まだまだホシイモノはすぐほしい！　そんな単純な要求をいっぱいもっている段階なんだなあと気がつく。威嚇する姿のひできくんからは、それが読み取れず、ほしがる背景は？　という見方をすることが多かったなあと思った。

　こんな要求のだし方をするようになったひできくん、心なしかこのところは抱っこを求める言葉も怒ったような口ぶりでなくなった気がする。今はひできくんの思いをできる限り、そっかーと受けとめていこう、そしてかなえてあげられる方法も一緒に考え合えるような（結果、かなえられなかったネ、ということもアリで）関係を意識していきたいと思う。（後略）

　ここでも、くり返し、子どもの見せる姿を担

任みんなで掘り下げていって、自分たち保育者のかかわり方をふり返り、反省し、次の手だてを見いだしていく話し合いがされていることがわかります。

二歳児クラスから幼児クラスへの移行をどのように考えるか

年が明けると、二歳児クラスはどこの保育園でも、次第に幼児クラスへ進級することを意識した保育になっていくことが多いと思います。とくに、二歳児クラスまでの最低基準で六人の子どもに一人の保育者という基準から突然三歳児は二十人に一人でいいとなっているため、いままでのようには大人が手をかけられなくなり、基本的な生活習慣などは、自分でできるようにしておきたいと考えることが一般的なのです。

でも、この三人は、V期（一月〜三月）の保育についても子どもたちに即して考えていこうとしています。それを安井先生の資料から見てみます。

資料Ⅱ—17……………………………………1月11日　安井

四月の頃に比べると、身体ももちろん成長したけれど、気持ちの面でもより複雑になって感じる心もずいぶん育ってきたなあと思ううさぎぐみの子どもたち。自分だけの世界から、少しずつまわりをみわたして、自分以外の人たちに、そしてその人がやっていることにも興味をもってかかわりたい気持ちがすごくふくらんでいるようにも思うが、と同時に相手に受け入れてもらえているんだ、という安心感、満足感も求めているんだなあ、と感じる場面にも出会うようになった。そんなことからも、やっぱり今は、そうだよね、と共感できること、それでいいんだよ、というまなざしを送ること、そしてあなたが大好き、とまるごと受けとめることの大事さ……今はなによりもそれを忘れずに保育していかねば、と改めて思うこの頃です。

Ⅳ期からはだんだん幼児の行事や保育に仲間入りさせてもらう機会も増えてきたけれど、私としては、そういったことにどっぷり仲間入りさせてもらうのではなく、片足つっこみながらも、どんな形でならうさぎの子が楽しめるのか、行なわれている保育に子どもが合わせていくのではなく、うさぎぐみとしてはどんなふうにすれば、どの子も心の底から楽しいと思ってあそべるのかを、うさぎぐみ側の視線でどれも考えながら暮らしていくのがいいと思う。いろいろな行事や活動もうさぎぐみとしてどうなのか、どんな意味があるのかを意識しながらうまくクラスの暮らしの中に取り込んでいくような保育がしたいと思う。

あと三ヵ月もすれば幼児クラスへと進級していく子どもたち。だからといって、幼児クラスを意識した暮らし方をするのではなく、たてわりや今までとはちょっとちがう暮らし方になっても、自分らしく暮らしていけるようにできるための基盤……安心できる場や人の中で暮らすことの心地よさを今はたっぷり味わわせてあげたい。なんだかうまく書けないけれど、この二、三歳の時期に大切な人への信頼感や、それと子どものわかるレベルで暮らしを作っていくことをひき続きⅤ期も大切にしたいことです。

具体的にどんなふうに保育を作っていくかは、なるべく早く担任同士で話をしたいなあと思っています。こんなふうにしたい、こんなふうにするのが今いいよね、という思いを出し合い、私、稲本先生、田中先生とで、そうだよね、と一致した中でラストスパートをかけたいと思っています。もう三ヵ月、おつきあいくださいね。

子どもの姿がかわりはじめたと感じられて

何人もの子どものことで本当に悩んだ一年でしたが、少しずつ変化する子どもの姿を見つけたとき、それを喜べる三人でもありました。

次に挙げるのは、田中先生のとらえたさとるくんの変化です。

資料Ⅱ—18……………………2月3日　田中

一月三十一日、園庭でお誕生日会があった日のこと。園庭へ出たまゆちゃんがベビーカーをみつけあそびはじめました。そして、まゆちゃんがちょっとベビーカーから手をはなしていたすきにさとるくんがやってきて、そのベビーカーであそぼうとしたのです。「まゆちゃんの！」と怒るまゆちゃん。さとるくんはまゆちゃんが使っていることを知らなかったようで、「さとるくんがみつけたのー！」と激怒。と、そんな激怒の中、ふと大型三輪車の方へ言ってしまったさとるくん。〝あれあれ？〟と思っていると、また戻ってきて激怒。私はつい〝またいつもみたいに、まゆちゃんが楽しそうに使ってたものをただ欲しがっているだけなのかナー？〟と思っていたのですが、ベビーカーと三輪車をキィーキィー言いながら行ったり来たりしてるさとるくんの言っていることをよく聞いてみると、どうやらさとるくんは三輪車のうしろにベビーカーをつなげて乗りたいからこれ（ベビーカー）が欲しいと怒っているようなのです。お互い一歩も引かなかったまゆちゃんとさとるくんでしたが、少し落ち着いてきたまゆちゃんに「ねえまゆちゃん、先生と一緒にあれ（お誕生日会でやってたゲーム）やらない？」と声をかけると「うん」と半分あきらめ顔のまゆちゃん。「じゃあ、あれ（ゲーム）が終わるまでさとるくんにベビーカー貸してあげてもいい？」と聞くと、「うん」と言ってくれたので、一応さとるくんに「あれが終わるまでまゆちゃんが使ってもいいよだって」と伝えると、興奮してたのもあって、うまく伝わらなかったようで、「ヤダ！」と言ってましたが、「貸してくれるんだって」と言うと〝ああそうか〟と思えたようでした。それからお誕生日会が終わるまでのあいだずーっとそれに乗り続けていたさとるくん。一つのあそびをずーっと続けていたことにもビックリですが、そのあと、さとるくんは？　とふと見ると、そのベビーカー付き三輪車を置いてゆうじくんと土でチョコレートを作ってあそんでいたので、「わあ、さとるくん、ゆうじくんとチョコレート作ってんのー？　楽しそうだねえ」と声をかけると「うん」とほんとに楽しそうなさとるくん。〝三輪車のことはもう頭にないかなー？〟と思いながらさりげなく「ねえさとるくん、あのベビーカー貸してくれない？」と聞いてみると、「ダメ！」。〝ああ、まだ気持ちはつながってるんだな〟とまたビックリ。

そしてそのあと、別のベビーカー付き三輪車にひできくんを乗せて安井先生が走っていくと、「それはさとるくんのー！　さとるくんのー！」と怒ったさとるくん。「えー？　ちがいますー。これは安井先生のですー」と言っても、「さとるくんの！　さとるくんの！」とつかみかからんばかりに怒るさとるくん。そして本物のさとるくんの三輪車を指さして「じゃああれは？」と安井先生が聞くと、ハッとしたさとるくん。「あれはさとるくんのデス！」と言ったとか。そのとき、砂場であそんだりいろんなことをしてあそんでいたさとるくんですが、「すいませーん。乗せてほしいんですけどー」と行くと、「ハーイ。ちょっとまってくださーい」と乗せてくれたり、ベビーカー付き三輪車のあそびをずーっと続けていたさとるくんです。

そしてその日の午後、おやつを一番に食べ終わったさとるくん。いそいそとでかけて行ったので、どこ行ったのかなー？　と思っていたら、「ねえねえ。さとるくんまたあれやってるよ！」と安井先生の声に「えっ？」と外を見ると、なんと！　さとるくんがベビーカー付き三輪車を楽しそうに乗りまわしているではありませんか！　こんなに一つのあそびに凝ってやり続けているさとるくんははじめてです。そして次の日。外へ行くと、またさとるくんはベビーカー付き三輪車へ。りんくんなんかを乗せて満面の笑みです。

一つのあそびをこんなにやり続けているさとるくんは大きな進歩だし、こちらがさとるくんの好きなあそびをわかってあげられたこともちょっぴり進歩かなと思います。これからどうなっていくかがちょっと楽しみなさとるくんです。

そして、そうした子どもたちとの日々の積み重ねが、三月の「えんだより」の安井先生の文章に集約されます。

資料Ⅱ―19……………………………………3月3日　安井

〈子どもの〝今〟を認めるということ〉

残すところ、今年度もあと一ヵ月。この時期になると、一年てなんて早いのだろうと思ってしまいます。この一年、子どもの姿をみつめながら、子どもの行為の裏側にあるものは何なのか、少しでも多くわかってあげたい、そんなことを思いながら保育してきました。うさぎぐみ（二歳児）は「ヤダヤダ」「ダメ」「ジブンガ！」と「自分」がよりいっそうはっきりしてきて、意志を通そうとする強情な姿を発揮しはじめ、手ごわい存在となる時代でもあります。ただ、春の頃は、そういった意志を見え隠れさせながらも、それ以上に食べることや寝ること、という生理的要求のほうがまだまだ勝つような感じだったので、担任同士では、眠くて目が閉じそうになっていても、大好きなおかずを目の前にしていても自分が納得してあそびの区切りをつけるまでは行けないよ、というふうに大人の思惑どおりにことが運ばなくなるのはいつの頃だろうね……と楽しみに、その日が来るのを待っていました。

そしてその時期が冬頃、とうとう訪れたのです。お昼寝の時間だというのに、カーテンをひいた暗い部屋のままごとコーナーでちゃぶ台いっぱいに皿を並べ、バッグにはなにやら荷物をつめこみ、楽しそうにごっこあそびをくりひろげる子どもたち。時々「もう、寝る時間ですよ」と他の子をトントンしながら声をかけてみるものの、一瞬アッ……という顔をしながら、再びコソコソ声でごっこあそびを続けるのです。

かと思えば、そろそろごはんの時間だから、と声をかけるのですが、三輪車にのったばかりですぐには食事に気が向かわず「ヤーダヨ」といわれてしまったこともたびたびありました。そんな時は「そっか。まだ乗りたいのかぁ……じゃあごはんのお支度終わってからもう一回、呼びにくるからね。その時はお部屋に入ろうね」と声をかけるのです。頃合いを見ながらもう一度呼びに行くのですが、それでも「ヤーダヨ」と言われてしまうこともたびたびです。

だけど決して約束やぶり、というわけではなく、大人の思いと子どもの充実感がまだうまくかみ合っていなかった、ということのようです。再び、「○○したら迎えにくるね」と声をかけたり、様子を見つつ、あの手この手で声かけをしながら、子どもの思いとピタッと合う瞬間を待つ、そんなことを一日のうち何度もくり返しながら〝これでいい〟と満足して、自分から次へ進もうと思える経験をたっぷりさせてあげたい、と思ってきました。

先日、こんなことがありました。食後、外あそびへと出かけていったすすむくん、ところがまもなく小沢先生と一緒に部屋へ戻ってきました。おしっこが出てしまったようなのです。シャワーをしてもらって戻ってきたすすむくんに、そろそろ時間だなぁとも思い、「脱いだついでにパジャマに着替えちゃおうか?」といってパジャマカゴを小沢先生に渡しました。すると、みるみる不機嫌な顔になったすすむくん。「ヤダ」「ヤダ」をくり返しています。

そのうち「安井先生と着替えたいんだよぅ」というので、そうだったの、ごめんね、とすすむくんのそばに行くと「すすむ、まだ着替えたくない」というのです。そうなんだぁ、と言葉で返すと「だってまだ外であそびたい」といいます。さぁ、あそぼう、とせっかくはりきって外へ出たのにおしっこがでてしまい、思いとは裏腹にあそびを途中で切り上げなければならなくなり、すすむくん自身不満な思いでいっぱいだったのでしょうね。

そういう思いを大人の働きかける方向に流されるのではなく、「ボクはこうしたいんだ」と言えたすすむくんの心の育ちを感じながら、一方で、ついでに着替えてしまえばいいと時間的な都合だけで判断してしまったことを、すすむくんの言葉を聞いて、とても反省してしまった私です。すすむくんに、「じゃあさ、少しあそんでくる?　それでさ、お友だちのお着替えが終わってさ、お布団敷いて、紙芝居がはじまる時になったら呼びに行くから、その時は帰ってきてね」というと、「わかった!」といって外へ出ていきました。そしてしばらくして、もうすぐ布団が敷き終わる頃、誰かが私の足にパッとしがみついてきたのです。それは、すすむくんでした。「かえってきたヨ」とでもいうようにニコッとした表情をして、あぁ、満足して帰ってきたんだなぁと感じることができました。「自分で帰ってきたの？　よかったぁ」というと、今度は鼻高々な表情でまたニコッとしています。自分で決めた、という自信があふれているようでした。そして、こんな心のありようは、大人との関係だけでなく、子ども同士のかかわり合いの中でもみられるようになったのです。

やはり食後のことです。ダンボール電車を使おうと思ったひできくん。ところがうさぎぐみのものはすでに他のお友だちが使っていて、すぐには貸してもらえそうになかったので、同じようなものがひよこぐみにもあることを思いだし、それを借りに出かけていったのです。まもなくひよこぐみのダンボール電車を抱えて帰ってきたひできくん。ところがその脇ではふうとくんが今にも泣きだしそうな顔をして立っていたのです。「あら、ふうとくんどうしたの？」と声をかけると、とたんにうわーんと泣きだし、「ふうとも運転手になりたかったんだよぅ」と話してくれました。やっぱり電車をやろうと思ってひよこ室にいったふうとくん。その横に座りこんで、一見知らんぷりしているかのように電車をいじるひできくん。「そっか二人とも運転手になりたいのかぁ。じゃあ二人とも運転手になれる方法、考えてみようか？」と声をかけ、とりあえず電車を持ってテラスへ移動することにしました。

そして「こういうのはどう？」とあれこれ提案していたら、しらんぷりしていたひできくんが「いいこと考えた」といったのです。「なになに？」と聞くと「あのね、こうやって、ココにひできとふうとがきて運転手になればいいよ」といいます。知らんぷりしているように見えても私とふうとくんのやりとりをちゃんと聞いていて、心の中で一生懸命考えていたのですね。私は「それっていい考えだねぇ、ふうとくん……」とひできくんの考えたことをふうとくんに話しました。泣いていたふうとくんもひできくんが「いいことを考えた」といった頃から泣きやんで、ひできくんや私の言葉を静かに聞いていました。いい方法を考えてふうとくんと仲良くしたいと思っているひできくんの気持ちがふうとくんにも伝わったのでしょう、少しの間を置いて「ふうと、ココで待ってる」といったのです。「どうして？」とたずねてみると「ひできくんが帰ってきたら、今度ふうと」といいました。ふうとくんが考えた方法は「順番に」ということだったのですね。相手に受け入れられている、と実感できれば思い直しができるのです。その案を今度はひできくんが受け入れ、気持ちよく先に出発したのでした。

うさぎぐみでは、この一年を通して手ごわい存在になりつつある姿も頭から否定するのではなく、まずはわかったよ、いいよ、あなたの気持ちは伝わったよ、というサインを送ることを大事に保育してきました。進級当初は、たとえば友だちが楽しそうに使っているおもちゃが欲しくなると、同じものでもだめ、友だちのもっているあのおもちゃでなくちゃだめなんだと言い張り、「ヤダヤダ」と自分の思いをだしてだして、のくり返しで、こちら側の歩み寄りを受け入れられてもらうまでには、相当の根気と忍耐がいるのだなあなんて思ったりもしました。

だけど、今は子どもの思いをとことん受けとめる時期。受けとめることで新しい子どもの育ちの道が開ける、と思いながら、くる日もくる日もそんなふうに子どもと向き合って暮らしてきました。こういう「ヤダヤダ」の時期に、大人の思いや正論だけで「それはできないでしょ」という形で迫ってしまったとしたら、大人と子どもにイヤな関係を残すだけで、子どもに、考えるだけの心のゆとりを与えないまま、いつまでも自分の気持ちを主張するだけで、その先へ進めない、という結果になってしまうのではないでしょうか。このことは、自分で考えたい、自分で決めたいと思っている子どもたちにとっては、なんともつらく不消化の思いが残ることになるのでは、と思うのです。

子どもたちのさまざまな場面に出会う中で、子どもたちに今、自分の思っていることを言っていいんだ、言ったら受けとめてもらえる、という自信が育っていること、そして何よりも大人が待てば、子どもだってこちらの思いを受けとめてくれる、そういう力が育っていることが実感でき、そのことをうれしくも思っているのです。自分の要求が受け入れられたと実感できることで、子ども自身にも心の余裕が生まれ、「〜ではなく〜だ」と思い直しができることはとても大切にしたいことです。そしてそのうえではじめてその他の選択肢を受け入れて自分の行動を選びとれるのです。この「思い直しができるだけのゆとり」「幅」「間」を保障してあげることの大事さを改めて感じたいと思っています。

「どうするの、どうしたいの、そうじゃないでしょ」とたたみかけるような言葉がけで結論をせかすのではなく、子どものペースで「そうなんだ」と気持ちでわかることができるような、考えられるだけの間を意識し大切にしたいなぁと思っています。

「えんだより」としてはとても長い文章ですが、うさぎぐみの一年間の保育のありようと、そのなかで見えてきた子どもの姿がていねいに書かれています。二歳児クラスの三人の先生を中心に、園全体の職員で子どもの姿と保育のありようを確かめながら歩んできた一年間のなかで、子どもの側に立ちきることの大切さを実感していることがひしひしと伝わってくるえんだよりです。

二歳児クラスの総括も、子どもの姿を書くことで次年度へ

子どもたちは進級し、担任は稲本先生が持ち上がり、先生たちはばらばらになりましたが、その四月に三人でこの一年をふり返って、やっぱり子どもの姿を書いて次に進むときの支えにしようと話し合っています。そして、出した資料は、まもるくんとひできくんとさとるくんのことでした。一年間、何度も何度も話し合っては保育し、また悩んでは三人で話し合いを重ねてきた子どもたちのことを一年の終りに書いて、先へつなげたい。保育者として、これほどまでに粘り強く、前向きに、しかも真剣に子どもに向かい合いたい、わかりたい、という要求を三人はうさぎぐみの一年間でお互いに育んできたのだと思うと、この一年の貴重さが改めてわかります。その資料のなかから、子どもの側に立とうと努力したけれど、充分ではないと感じているまもるくんのことを少しだけ紹介します。

まもるくんは、人との関係ではとても固く、お姉ちゃんのクラスにいることが多く、二歳児クラスにはなかなか入ってきませんでした。お姉ちゃんのそばが一番安心できるのだなと思いなが

ら、二歳児クラスでも安心できるように努力していき、夏頃から戻ってくるようになりました。トラブルのとき、保育者がまもるくんの気持ちをわかってくれていないと感じると、すーっといなくなるまもるくん。それでも、友だちを強く意識するようになってきます。でも、十一月に実習生が入ると部屋に戻ってこなくなります。

資料Ⅱ―20……4月18日　稲本

（前略）実習生の先生が入った十一月、まもるくんは、またお部屋に戻ってこなくなってしまったのです。実習生の先生が話してくれたのですが、まもるくんは実習生に対して「こっちくるな！」とか「あー」と大きな声を出して威嚇しているということなのです。

新しい人との関係では、かかわる前からさけている。はじめから信頼関係を結ぶのがめんどうなのか？　あとを追ってまもるくんの思いをわかってあげればよかったと思いました。他の場所では、よくあそんでいたので、安心していて、あそびなどでは認めてつかんでいたけれど、気持ちの部分ではきっと通じ合えていなかったのかな？　と考えてしまいました。「これやろう！」と誘ってきてくれたことが何度かあるけれど、満足できるまであそべなかったり、友だち同士、つなげてあそぶということまではできなかったり、気持ちのやりとりが足りなかったと思いました。（中略）

今でもトラブルはゴメンだよ！　というふうにスーッといなくなってしまうまもるくん。幼児になるともっと複雑になっていくと思うけど、けんかをしても最後にはわかってもらえたと思えることが大事なのではと思います。

三月には、友だちとのけんかでしばらくたってから「〜がやだったの」と言えたまもるくん。気持ちが言えたこと、先生はわかってくれたという思いをいっぱい感じられるように、「そばにいるよ」「待ってるよ」ということをいっぱい経験させてあげたい。自分の気持ちをわかってもらいたいと思え、わかってもらえた時、人の気持ちを受け入れておりあいをつけたり、〝そうかー〟と心から思えることにつながっていくと思っています。

まもるくんの姿から学んだこと、このことを大切にしたいという思いはつなげていきたいと思います。

そして、どの子に対してもそうした思いがあるのですが、たとえばまもるくんについても、このような総括をしたことが、次の三歳児クラスで、まもるくんのおもしろいと思えるあそびを徹底して見いだそうとする姿勢に反映し、まもるくんの「また、〝あれ〟やろう」という実践につながっていくのです。

誰でも保育の大変さから喜びを作り出していくことが可能だということを、このうさぎぐみの三人の先生の一年間は私たちに教えてくれます。

この年、ひばり保育園に異動してきたベテランの先生は、一歳児クラス（ひよこぐみ）からこの三人を見ていて、なんであんなに子どもの話に毎日毎日夢中になっているのだろうと不思議に思ったほどだったといいます。会議だけではなく、ごはんを食べながらも、休憩のときも、そして午睡のとき、ちょっとみててもらっていいですか？　と隣のひよこぐみの先生におそるおそるお願いしてまでしゃべっていた三人。帰りも、なかなか帰らずにしゃべっていたのだそうです。しゃべりたくなる子どもとの日々としゃべりたくなる保育者仲間が、このことを保障したのでしょうが、同時に、そうした日々が、ますますしゃべりたくなる子どもの姿を新しくとらえ、お互いの関係を深めたともいえるのではないでしょうか。

徹底して子どもの側に立つ保育

III

わかってもらえたと子ども自身が思えるまで

子どもたちの五年間の育ちと保育を記録から読みとる

1　卒園する頃の子どもたち

これはどういう叫びなのか?

千賀子先生といづみ先生が年長で担任した子どもたちは、こだわったり、荒々しくなりやすかったりといった姿が多く見られた子どもたちです。何年も、保育園みんなの話し合いに、くり返し子どもたちの姿を出しながら、担任としても悩み続け、でもあたりまえかもしれませんが、子どもたちを大切にしようと本当に努力し続けてきたクラスでした。

その年長クラス（はとぐみ）の子どもたちが卒園する三月の終わり近くに、一歳児クラスからずっと持ち上がって担任してきた千賀子先生と、二歳で担任し、年長で再び担任になったいづみ先生は、これまでをふり返りながら、子どもたちの成長を喜びます。いづみ先生は、この子たちの保育から学んだことを次のように述べています。

資料Ⅲ―1……………………………3月23日　いづみ

一年前、これがはとの姿か？　とがくぜんとした春。うそ！　どうして？　と戸惑っている間にも、子どもたちは激しい姿や、理解に苦しむ姿を次々とつきつけてきていた。大好きな千賀子先生に対して自分の気持ちを伝えるまでに、かんでなぐってひっかいて頭つきしないと最終的におさまらないまさき。自分がしたいことが一番、人の気持ちはおかまいなし、本能のままに動き続けるこういち。甘えたいのに甘えきれない。さわるな！　みるな！　いづみは嫌いなんだよ！　と高い所にかんたとのぼっては反抗し続けたはるき。他にもみちと、のりお、はじめ、女の子たち等々、いろんな出し方で大人が自分をどう受け入れるかを試され続けた一年。保育士をしてきて十数年、こんなに子どもたちに拒否し続けられた年もはじめて。保育士としての存在もズタズタだった。

どうしてこんなに素直に甘えられないんだろう。どうしてこんなに大人に信頼を寄せられないんだろう。年長の花開くこの時期、大人に信頼、安心感が寄せられない、もてない、という現状はとても辛いこと。これがないと楽しいことがいくらあってもものってこない、大人の話が入らない。それが体を使って暴れるような激しさでしかあらわせない子どもたちと出会った時、やはりそこを素通りしていろいろすすめていくわけにはいかず、〝これはどうしたい気持ちなんだろう？〟〝どういう叫びなのか？〟と心の声に耳を傾け、体ごとぶつかっていくしかないぞ！　と決意して出発した一年だったと思う。

とにかくクラスのポイントはまさきくんとこういちくん。まさきくんの激しさでしかあらわせない姿にまずは千賀子先生がどんなことも否定的にとらえず徹底的にまさきくんの味方になって安心感を作っていくことを心がけた。しかし、理不尽な訴え・出し方も多いので、まわりの子へのフォローはいづみ（または沼田先生）がやっていくことも大切にした。

まさきくんに対する時はこちらが傷を作るのは覚悟のうえ。ひっかかれるたび、けりあげられるたび、こちらも痛いけれど、こういう形でしか出せない彼の心はもっともっと見える痛み以上に痛いにちがいない……と何度も耐えきれなくなりそうな自分に言い聞かせてのりきってきた。これが保育園児？　子どものやることなの？　と思うくらいのひどさ。その後ろの背景、背負っているものの大きさを体で感じた春だった。

こういちくんは一匹狼。誰ともつながれないし、つながらない。大人を求めることもなく、ごっこあそびをしているところもみたことがなかった。いつも目についたところをつまみぐい的に歩いている。はとになって新入児のみちとに興味を示したけれど、みちとが嫌がることをしたり、嫌な気持ちにさせる言葉をはいたりと、つながり方を知らないというか、上手じゃなかった。

食事も一番最後にきて「もうおなかがすいた。早く食べたいんだ！」と三歳児が並んでいる一番前に割り込むので止めると「止めたお前が悪い！」とけって怒り続けたり、最後にはガラス窓をけやぶるほどの訴え方になってしまう。この姿って……とにかく「ちょっと待って」「それは」「もうやめてほしい」……などの声かけは「オレを否定した」ととらえてしまい、ますます拍車がかかって逆効果になってしまうので、こういちくんに対してはいづみが全面的に寄り添うようにしていった。

ごはんに並ぶのも一緒に並び、一緒に座り、会話もたくさんしてこういちくんをいっぱい知ろうとかかわった。自分のことを気にしてほしい、気にしてくれているぞとこういちくんにも感じられるようで、一緒にやったバブ（こういちバブ、いづみママ）ちゃんごっこはしばらく続いた。

一方、この人、オレのこと思ってくれてると思うと、今度は私のお弁当を隠したり、くつを隠したりのお試し行動のはじまり。〝それをやったら困るー〟という場面を一日のうちに何度もおこしてくれた。こういちくんのことを思えば思うほど、追えば逃げる形になり、昼寝のときは午睡の場所のホールへとは向かわず、決まったように外へ。どうやって折り合いをつけて寝る気持ちへと誘うか、毎日勝負されているような感じ。夏はせみをとって入室、というのが日課だった。

こういちくんの特徴としては、大きかったのはこだわり。気になることができると、その都度、しつこいくらいにやり続けていた。春はザリガニにはじまり、スズメとり、セミとり、桃もぎ、柿もぎ、輪ゴム、冬の前まで続いた水あび（さすがに十二月にはやめた）……これと思うとまわりが見えないくらいやり続けてしまう。どれもその存在が見えなくなってしまうと、興味の対象じゃなくなるという終わり方で、やはり目に見えるところの刺激に左右されることが多かった。

はとで何かに取り組む時、そばで気になる対象がチラついていると、そちらに気持ちが向いてしまうこういちくん。こういちくんが気持ちを向けられるようにと常に考え、行事も組み立てていくのに、取り組みにきてほしくて呼びにいくとマテマテのごとく逃げて追いかけっこになってしまう。

ほっとくとこない……。やっとのことで連れてくると気持ちはのり気ではなく、保育士とはいい関係が作り出せない悪循環。

運動会を終えて秋のころは、こういちくんへの対応は考えつくし、途方に暮れた。そんな中、力をくれたのはまわりからはとの保育を見ていてくれた職員集団。幼児の先生には子どもたちへの見方というか、距離のとり方を客観的にとらえて伝えてもらったと思う。こういちくんとまさきくんの気持ちをつかんで取り組めるようにばかり考えてしまうと、五歳児の活動を充実して過ごしたいと思う子たちの気持ちをつかみそこねてしまいかねない。いつもこういち・まさきが一番に思われている（ここが育つことがまわりにも大事と思っていたのだけれど）という雰囲気が他の子にも伝わっているようだった。

二人をポイントに考えて半年たったところで今度はクラスの大きなうずを中心にして、そこで楽しさをふくらませて二人を逆にひきこむ保育の流れにしていくのはどうだろうと、羽村動物園遠足をきっかけに方向転換していった。

動物園にいく前から子どもたちの期待は大きく、いく前から動物園ごっこがはじまり、帰ってきたあとも共通体験をもとにごっこがくりひろげられた。まさきくんは「おれもやりたい」とつき動かされ、〝シンリンオオカミ〟になって毎回それらしく加わって、いつのまにかみんなの中にいた。

こういちくんは最初はお客さん。おサイフにお金をパンパンに入れてきていたが、友だちのやるのをみて、次第にふれあいモルモットになって小さい子へも体を触らせてあげたりとサービスして喜んでもらえると「抱っこもできるよ」となりきっていた。仲間の中でやりたいものを見つけ、それが他の先生にも小さい子にも受け入れられた時、こういちくんの喜びになっていったと思う。

〈こういちくんが主人公になれたⅤ期〉

お正月明け、はとの子に配られたコマ袋。手にした日から技を練習していたこういちくん。盛り上がってきたところにコマック登場（コマ回しのじょうずな他の園の保育士に来てもらった）で、ますます技に磨きをかけ、日々コツコツと練習。そしてどんどん技を決めていったこういちくん。一つの技をコレと思ったらできるようになるまで決してあきらめず、何度も挑戦していたこういちくん。本来のねばり強さが遺憾なく発揮され、同じコマという素材を手にしていた他の子どもたちからも「こういちってスゴイ！」と認められた。乳児の部屋に呼ばれ、コマショーをやって見せ、オレってまんざらでもないぞ、と自信にみちあふれた顔だった。

そんなこういちくんに、「こういちくん、この技どうやるの？　教えて」と大人も子どもも頼りにすると、その教え方のうまいこと！　とてもわかりやすくコツを伝授してくれるのだった。そんな時のこういちくんはとても穏やかで、まさにはとの姿だった。

しばらくしてオニの面作りの時出した毛糸からあやとりがブームに。手先の器用なこういちくんは、またまたあやとりの技を磨き、あっという間にほうき、ゴム、カメ、二人あやとりなどできるようになり、出張して披露。その中で稲本先生にカッコイイと言われたことで、オレを気にしてくれる人！　と稲本先生を気にしはじめ、人を受け入れる間口も広がり、〝今度はこの技できたから見せにいこう〟とつながるようになってきた。

それって画期的なことだった。今まではどうしてもこういちくんというと「先生、こういちがあんなことしてるー」と、子ども同士の中でも言われがちだったところから、まわりの子に認められることで、今度はこれ見せてあげたい、ビックリするかなーとウキウキしながら人へとかかわっていく姿が見られるようになって、本当にうれしかった。

今では妹のいるひよこさん（一歳児クラス）にもチョクチョク出向き、いたずらも時々しちゃうけど、そこで向き合ってくれる大人に受け入れられることで、ここも安心と居場所を広げ、「今日はひよこでごはん食べたい」と言って出かけたりしている。そしてひよこさんのために、なっとうの手あそびを私から「もう一度教えて」と教わり、教えにいってくれた。

いろんなところでこういちくんの今をわかってもらい、受け入れてもらう経験をして、心地よさを積み重ねていったように思う。くらしの中でこういちくんの得意なことにスポットをあてて、そこここで認められ、自信をもてる関係がこのV期に持てたことは、これからのこういちくんにとっては大きな力になったと思います。

この一年をふり返って、私のつかめたことといったら、たった一つ、この子の思い何なんだ？　わからない？　と思ったらとことんかかわって、その子のことをわかろうとあそんでいくこと。あそぶ大人には心を開いてくれるということも実感できた。

今年度は大人への信頼、安心感が持ててない子どもたちが多かったので、かかわらせてもらうまでにいっぱい試され、心を開いてくれるまで本当に時間がかかってしまったと思う。だからこういちくんやまさきくんにはあともう一年あれば、保育園の中の手だてでいっぱいかかわっていけるきっかけになることが、もっとあったかもと感じています。

大人への信頼、安心感が持ててない子の多さに、乳児期の過ごし方、かかわり方の重要性もひしひしと感じた一年。無条件に受け入れられる、愛される経験をしてきていない子のなんと多いことか……ますます保育園の役割の大きさを痛感した一年でもありました。

本当に一人だけ、担任だけではにっちもさっちもいかなかった一年。まとまっていなくても、今ある子どもの姿を出し、知ってもらうことで、まわりのクラスからどんなに支えられたかしれません。ありがとうございました。

卒園式にこういちくんは体調を崩して欠席。本当に残念！　でも、あの「子どもたちのそつえんしき」で見せた立派なこういちくんの姿、見ましたか？　元気に歌をうたってプレゼントをもらって祝われてうれしそうなこういちくんの姿を見て、一年間あきらめずにつきあってきてよかったなと思いました。あきらめずにかかわり続けることは時間はかかるけれど、人とのかかわり、暮らしの中で、その子が認められ、存在が大事と思われて育つことはやっぱり大きい力になると確信しました。こういちくんが元気になったら三月三十一日までのはとの暮らしを最後まで大切に、学校への不安を吹き飛ばすくらいの楽しさで過ごせたらいいなと思っています。

年間通していろんな行事一つひとつもそうでしたが、卒園式も今いる子どもたちの様子に合わせて、自分たちがお祝いされてるって実感できて、そこに参加できるようにと、内容も吟味して変えてみてよかったと思います。

こういちくん、まさきくんの二人の存在は大変だったけれど、常に目の前の子どもの姿から保育を考えることの大切さ（他の子を大切にすることにも通じた）を教えてくれたように思います。保育士として、子どもたちに育ててもらったと感謝しつつ、来年もその気持ちを忘れないで保育していけたらいいと思っています。

楽しいことがあるとごっこで何度も楽しむ

久しぶりに担任したいづみ先生の資料にあるように、子どもたちの出すサインがあまりにも激しかったこともあって、担任でなくても、この年の年長さんたちのことは職員全体の悩みであっただけに、年長の後半から卒園にかけて成長した子どもたちの姿は、職員たちを感動させました。

それは、たとえば、十一月末の「いもはるまき屋さん」の資料などにみられます。

資料Ⅲ—2……………………………………………………いづみ

秋は柿をもいだら柿屋さん。アイスクリームを作ったらアイスクリーム屋さん。動物園に遠足に行くよ！　と話をしたその日から動物園ごっこ（行ったあとももちろん動物園ごっこ）が子どもたち発信ではじまり広がっています。毎回、全員がそろってとはなかなかいかないのですが、何人かの子でやろうよと盛り上がった時に大人がキャッチして、大人も一緒に楽しんでメロンの部屋を拠点にあそびの渦を作っています。必ずしも提供する側にならなくても、お客さんで楽しんだり、くり返す中で「○○ちゃんのやってたアレやってみたい」とつながっていけるといいなと思っています。

メロンの部屋で楽しいことがくり返し発信されていくと、他のクラスもキャッチして、また、何かやってくれるみたい……とやってきてくれて、それもあそびを盛り上げてくれる一つの要素になっています。

先日はとぐみでいもを使っていもはるまき作りをしました。昨年のはとぐみが作ってから「はとになったら絶対いもはるまき作るんだ！」と憧れをもって意気込んでいた子どもたちです。中身を粘土みたいにコロコロ棒状に練って作り、折り紙のような春巻きでクルクルと巻いていく過程はとても楽しかったようです。二十二人全員が共通に体験でき、パリパリとした食感、味とも大満足でした。

翌日、メロンの部屋のテーブルで折り紙をしていた女の子数人が「きのう春巻きおいしかったねー」と話しつつ、手を動かしていました。そして、折り紙をみて「春巻きみたいだねー」。ちょっとこげ茶色の折り紙だったので「えーっこんなにこげた色じゃなかったよ」とさゆりちゃん。どんな色だっけ？　となり、みんなで折り紙置き場へ見にいってみることに。たくさん並んだ折り紙の中からコレかなー、いや、こっちかなーと選んだ色は黄土色。「うん、確かにこんな色だったかも」。

ついでに「中身はねー？」と探し出し、「やっぱ黄色かな」と黄色をチョイス。「これでいもはるまき作れそうだねー」と話は急にまとまり、作る気マンマンになった子どもたちでした。

でも春巻きの皮と中身が同じ大きさじゃはみ出す……ということも気づいて、保育士に違う紙をみつけてーとリクエスト。色上質の黄色を折り紙の幅より狭く切ってくるくる巻いて中身を作り、黄土色の折り紙で包んで作ることにしました。

女の子たち数人で作りはじめると、「何やってんの？」とのりお、れん、しゅうじ、まさきくんたち。「いもはるまき作ってんの」に「オレたちもヤルー」と加わり、一気にメロンの部屋は春巻き工場へ変身。「保育園の子ども全員分作るからどのくらい作ればいい？」と子どもたち。「百本かな」に「うへぇー、どんどん作らなきゃ」とクルクルまきまきペタペタと作っていました。

できあがった春巻きはちょうどよいカゴに入れて集め、れんくんが「オレ油で焼くから（揚げる）」とオモチャのヘラを手にしてガスコンロにのせ、かきまぜてくれています。先日安藤先生がやった通り再現しているのです。だいぶ春巻きができあがったところで「お客さんの食べるところもいるよねー」としずかちゃん。アイス屋さんの時もお客さんが座って食べるところを作ったので、今日もいるかなと思ってくれたのでしょう。

「テーブルクロスもいるよね」。きのう使ったランチョンマットがあったので「これでもいいか」と言いつつ、どんどんテーブルセッティングをしてくれました。「春巻きどうやって並べる？」に「きのう食べた時みたいに赤ちゃんみたいに巻くのがいい！」とあさこちゃん。春巻きを紙ナプキンで赤ちゃんを包むみたいにやさしく巻いて食べたので同じように巻きたいという思いに「それいいねー」「ピンクと青の紙で巻きたい」と色も指定してくれて紙をみつけてくると、赤ちゃん巻きにしてテープで止め、アイスクリームを売った時の台にさし込んで立たせて売ることにしました。

看板も子どもたちが書き、いつもの値段決め。子どもには優しい値段設定で、「百円じゃ高い。やっぱ十円」「そうだねー」と十円に決定。いよいよ開店。「お客さん呼んでくるー」と出かけていって呼び込みに。

最初に来てくれたのはりす（三歳児クラス）の稲本先生と子どもたち。りすさんはいつも一番にやってきてくれ、園内きってのリピーターです。りすさんが一人来るとポツポツとりすさん同士の口コミでお客さんがやってきてくれます。なので一人来ると店員さんも群がり、大サービスで接待してます。

しかし、この日は良い天気ですずめぐみ（四歳児クラス）はさんぽ。他クラスも外あそび。うさぎぐみ（二歳児クラス）はおばけごっこで盛り上がり、いつもより客足が伸びず……うーん、どうしよう？　と悩んでいると、しずかちゃんが「石焼きいもーおいもって焼きいも屋さんみたいに売るのは？」とナイスなアイディアを出してくれました。「じゃあさー、いもはーるまきーパリパリーのサークサクって言いながら売るのは？」とありさちゃんの言葉がみんなに大ウケ！　いざ出陣といもはるまきを抱え出張販売に出かけたしずかちゃんをそおーっと追ってみると、テラスに立って行きかう人に花売り娘のごとく、またはティッシュを配るお姉さんのようにそっと手渡している姿……。「いもはーるまきー」とうたいながらは「はずかしいよー」と本音をチラリ。でもそのほうがひよこさんたち（一歳児クラス）はびっくりせず受けとってくれていたみたいです。

お客さんがなかなか来ないので、えりなちゃん、あきおくん、しょうこちゃんがお客さんになって何回も来てくれました。「カードで！」と自作のカードで買っていくえりなちゃん。少しでも大きめのいもはるまきを選んで、うそっこでも「こんな大きいの買っちゃった！」と喜んで買っていっぱいためているしょうこちゃん。「大きいの喜ぶんだー」と工場でせっせと作り続けるむつこちゃんとありさちゃんはお客さんの声にも耳を傾け、売れ筋を確認したりしています。

そして機械のように手を動かすありさちゃんがポツリ、「あたしたちってさー、何か楽しいことやったあと、必ずごっこで次の日楽しんでるよねー。それで何回も楽しいことやってるよねー」と自らを冷静に分析していたりして……。大人っぽいことを言いつつ、でもやめられない自分のこともよくわかってるんだなーと思いました。

呼び込みに行ってなかなか帰ってこなかった男の子たち。「ただいまー」と帰ってくるので、「どこへ行ってたの？」と聞くと「おばけやしきおもしろかったー」とうさぎぐみのおばけやしきにはまっていた様子。呼びにいったつもりが楽しいことをみつけてそこではまってしまう……でもそんなかかわりが年齢をこえてそこここであるのがいいなー、今のこの時期だからこそ楽しめるのかなーと思いました。

おばけやしきを終えてうさぎさんも買いにきてくれにぎやかに。いつのまにか、くじびき屋さんも出現して、「買った人が引けまぁすよーあたりが出たらおまけにはるまき○本！」と大判振る舞い。自分たちで変化をつけながら、いもはるまき屋さんがどんどん拡大されていました。

「そうだ、今度動物園でも売ったら！」と子どもたち。「売店って羽村動物園にあったよね」「遠足でお弁当持ってきてる人もいるけど、持ってきてない人がおなかすいた時食べられるものあったほうがいい」「食べ物あったらお茶とかのみ物もあったほうがいい！」と経験をまじえてごっこがふくらんでいってます。

「なんか動物園ごっこやりたくなっちゃったー」「残念、今日はもうお昼の時間」「えー」と思いを残しつつ、でも確実に次へとつながる気持ちがキャッチでき、今度はどんなふうに子どもたちと楽しんでいこうか……と今はまさに子どもたちの思いに保育がつき動かされているのを感じます。またやりたい、あんなふうにやったらもっとこんなふうに……と日々が続いていく保育をつみ重ねていきたいと思います。

クラスの子どもたちが、自分からいろいろアイディアを出し、いろんな友だちがかかわって、生きいきとあそんでいる様子がわかります。そして、資料にある「あたしたちってさー、何か楽しいことやったあと、必ずごっこで次の日楽しんでるよねー。それで何回も楽しいことやってるよねー」という子どもたちの発言が、楽しいことをしている自分たちをとらえてそのことをまた楽しんでいること……心から楽しくってしかたないという子どもたちの気持ちを私たちに伝えてくれます。

さらに、いもはるまき屋さんのときにも積極的に参加していたまさきくんが、自分の胸の内をいづみ先生に語ってくれているのが次の資料です。

資料Ⅲ―3……………………2月8日　いづみ

お正月明け、コマあそびを楽しんでいるまさきくん、コマは去年も大好きで一生懸命練習していたものの一つで年が明ける前から「早くコマ出してよー」ととても楽しみにしていました。なので長い正月休みのあとは毎日手にしています。コマックが来たあとはさらに盛り上がって「ああいう技ができるようになりたい」とこういちくんと競い合うように集中して練習に励んでいました。

自分の技を磨くのも好きだけれど、誰かと対戦ゴマするのも好きで「センセー勝負しよう！」とやってきては日々対戦。午前中ずーっとコマまわし……なんていう日もあるくらい熱中しています。「センセーミテテ」「もう一回」と話し方もとても穏やかでまさきくんと「ふつうの（リラックスした）関係であそべてる」と思えるこのごろなのです。

そんなコマをして楽しんでいたある日、コマのひもを巻きながらまさきくんが急にしみじみと「センセー、オレ、きのうショックなことあったんだー」と私に語りはじめました。「えっどんなこと？」に「あのねー、おうちに帰ってあそんでから、オレまちがえて、ごはん食べる前にはいいろのパジャマに着がえちゃったの。そしたらパパが『ごはん食べないで寝るんだ』って言ったの。だから、オレ『何か食べるものありますか?』って聞いたら『納豆』ってパパが寝っころがりながら言うから、あっ納豆は冷蔵庫だと思って冷蔵庫から納豆と卵を出してまぜたの。それで納豆についているカラシと、これくらいのタレ? あるでしょ。それ入れてまぜたの」「えっ、自分でまぜられるの?」「うん。でもそれだけじゃ味が薄いんだよ。だからしょう油入れたいなと思って、『しょう油どこですか?』ってパパに聞いたら『たな』って言うから、しょう油の入ってるたなって言ったら水道の下にこうやって開くとこあるでしょ。あそこだなと思って出して納豆に入れたらドボドボってしょう油が入っちゃってへんな味になっちゃって、ショックだった」とまさきくん。全部聞き終わる前から胸がキューッとなる思いがして、まさきくんがショックだったという部分よりいろんな部分が聞いていてショックでした。

きっとごはんがなかなか出てこないから先にまさきくんは着替えてしまったのではないだろうか? なぜパパに敬語なのだろうか? 順を追うようにトツトツと話すまさきくんの話はすごくその情景が鮮明に浮かんできてまさきくんがこんなにも重たい物を背負っているのだということを改めて感じさせられました。

そしてこの一年余りのことを思い出すとまさきくんがどうしてあんなふうに大人を信じきれなかったり、激しさでしか表現できないでいたのかもわかったような凝縮された出来事の話のように思わずにはいられませんでした。

なぜ、この話を急に私にしたのだろう……いろんな先生にこの話をしたまさきくんのことを伝えているうち、ショックだったのはへんな味になったことではなく、本当に伝えたかったショックなことはこの出来事すべてだったのではないかと思えてきたのでした。こういう生活を送っているオレのこと知ってほしい、わかってほしい……という心の叫びだったのではないかと。

春のことから思えば、本当に自分のまわりのいろんな出来事を安心してくったくなく伝えてくれるようになったまさきくん。前は朝からイライラしていると「何なのかな?」と思ったことも、今は「オレ朝ごはん食べてないんだ」「今日はオレバナナ一本」と伝えてくれるようになって「早めにごはんにしようか」と声をかけてあげられたり、今日の状態をわかってあげてかかわれるようになってきた。しもやけのひどい足も「こういうふうにかいてー」「あ、それいいー」とさすられることを「きもちいい」と伝えてくれ、寝る時はそうやって心地よく寝ついてくれているまさきくんをみると、園でやってあげられることでまさきくんに向き合っていってあげようと思うのでした。

出口のないトンネルに入ってしまったような春のころ、まさきくんの体にさわれる日が私にも来るのだろうか……と思っていたけれど、まさきくんのことわかろう、楽しいこといっぱいしてつきあおうとしてくる中で、まさきくんが少しでもわかってくれる大人だな、と思ってきてくれたのはうれしいし、子どもって願いをもってかかわっていけば、時間はかかるけれど見えてくるし、かわっていくのだなと実感できた。

担任だけでなく、いろんな大人にかかわってもらって思いを小出しにしているまさきくん。先日、やはりコマをしている時に松田先生に「オレが死んじゃってもパパは悲しまない」とまさきくん。

「えーっそんなことないよ。死んじゃって悲しまない親、どこにいる！」と涙ながらに言う松田先生に「オレがビルから飛び降りたら心配するかな……」と言っていたのだそうです。

そんなふうに口に出しながら「自分の存在は大事」という実感を得たいのかなと思いました。だから悲しいことを伝えてきても、そこではまさきくんは大事と伝えて返していきたいと思う。

コマをしていると、そういうことばかりでなく、「ねえせんせー、キャンプ楽しかったね。また行きたいね。キャンプファイヤーの時、オレ（カレーライスの出し物の）しいたけだったんだよ。いづみ先生はすすめる人だったね」とよく覚えていて、また行きたいと伝えてくれるまさきくん。あそんでリラックスしている時にチラリとこぼすつぶやきの中にいっぱい思いをはき出してくれるまさきくん。あと二ヵ月弱だけれど、つぶやきを聞き逃さずに思いを受けとめていきたい。他のはとの子たちにもそうしていきたいと思う。


この資料は、園の職員みんなに改めてまさきくんの背負っているものの重さを教えてくれ、胸の痛くなる思いでしたが、同時に、しみじみと自分の経験や思いを話せるように担任を信頼できるようになったまさきくんの育ちも実感したのでした。

これから、ここに至るまでのクラスの子どもたちの姿と、その子たちにていねいにかかわってきた保育の姿をふり返ってみたいと思います。

2　一歳児クラス（ひよこぐみ）でしずかちゃんを気にする

しずかちゃんも本当は抱っこがいい

一歳児クラスのしずかちゃんは、はじめ、言葉もはっきりしていて大人の言うこともよくわかり、あまり、こだわって困らせるようなことのない子でしたが、家での様子を聞くと、かなりこだわっているようなので、担任の先生たちは、保育園では自分を出せていないのではないかと気になりはじめます。

資料Ⅲ―4……………………………………9月28日　千賀子

四月のころから言葉数が多く、はっきりとおしゃべりする。大人の言っていることもよくわかり、受け答えするし、食べること、寝ることなど、大人にとってあまり手がかからないといった感じのしずかちゃん。でも、おうちからのノートには、いろいろとこだわる姿、「ヤダヤダ」と自分の思いを通そうとする姿、お父さんお母さんにしずかちゃんが「〇〇だよネ」と言ったことに父母が軽く受け流したら「ちゃんと聞いてよー！」と怒って訴えてくるという姿などが書かれてくるのに、園ではそういう姿をあまり出していない。まわりのことが見えるだけにはめをはずさず、いい子でいようとしているのがわかる。兄と似てるナーと思う。

その反面、たいきとかこうへい、ゆうこみたいにちょっと小さいと思う子によくちょっかいをだしてほっぺをギューッなんてしてみる。ただ隣りにいるだけなのに顔をこわばらせイーッと力を入れてしまう。何でだろう？　と思ってみているとイタズラをしてるからダメだよと思ってのギューッだったり、しずかちゃんも使いたいからのギューッだったりと理由があっての時もあり、突然ギューッとしてしまう時もあるのです。本当はもっと甘えたかったり、「ヤダヤダー」を出したいのに、まだ出せなくて、まわりの子をギュッとしてイライラを発散しているのかなと思った。

この間、ひざにゆうこちゃんを抱っこしていた。ももちゃんだったか泣いて抱きついてきたので「やだったねー」と抱きとめると、ひざに座っていたゆうこちゃんは「ダメよ！」とひざを独占したいのでももちゃんを追いやった。「ももちゃん悲しくてエーンエーンなんだー」とゆうこちゃんにおひざを半分貸して、と交渉していた。

するとちょっと離れた所でそのやりとりを見ていたしずかちゃんが「しょうがないでしょ、ゆうこ抱っこしてたんだからー」とつぶやいた。えっ！　しずかちゃんの一言でドキッとした私。しずかちゃんも抱っこしてほしいと思ってるけど、ひざがあいてないとそうやってあきらめているのカナ。そういえば四月から抱っこー抱っこーと言って求めてくるゆうこちゃんやのぼるくんなど、誰かを抱いていることが多かった。

朝、私が一人でおはよう！　と部屋に入っていくと一番先に来ているしずかちゃんはパッと飛びついて来る。抱っこでしばらく過ごしていると、八時半を過ぎ、次々にみんなが登園してくると、「ちょっと待っててね」としずかちゃんをおろしてバイバイに行くことが多いし、誰も抱っこしてないとどこからともなく見つけてタッタカ走ってきて、そういう時は抱っこ！　と求めてくることが多いなと思う。でも誰かを抱っこしているときは、抱っこしてもらいたいけど、まわりのことがわかるだけにそれをすんなり出せない姿があるんだということがわかった。

九月になってから、今まで大人が安心で抱っこがよかったゆうこちゃんやのぼるくんもあそびを見つけ、大人から離れてあそぶようになってきた。誰も抱っこしていないことが多くなったこの頃、しずかちゃんが「抱っこ」と求めてくることが増えている。

きのうもおやつの後、みんな庭に出てあそびだし、おやつの片づけを終えた私も庭に出ようとテラスへ行くとしずかちゃんが来て「抱っこ」。「お外行こうか」とくつ箱へ行くと、「ヤダ」。「くつはくのイヤなの?」と聞くと「うん」と言う。抱っこしてほしいんだと思い、くつはかずに抱っこで庭に出た。「砂のアイス作ろう」とかあそびにも誘うが「ヤダー」。絶対おりないゾと抱っこで過ごした。

少しずつだけど自分の思いを出し、通すようになってきた。昼寝もみんながおんぶで寝てると、しずかちゃんも本当はおんぶしたい。トントンすると「ヤダヤダー」。布団をゴロゴロ転がって「うーんうーん」と言っている。「しずかもおんぶしたい」と口に出しては言えないのだが、うーんうーんと表現。「おんぶする？」と聞くと、ニコッとうれしそうに笑っておんぶすることもでてきている。

今、しずかちゃんは、抱っこやおんぶと大人に甘えを出してきていて、ちょっとずつこれは言ってもいいのかな？　テーブルにわざとのってみて、やってみても平気かな？　と反応を見ながら出しはじめている。いい子にしてなきゃという壁がくずれてきているしずかちゃん。こうしたい！と要求をだしてきたら、うんいいよ！　とまずは受けとめていってあげようと思う。そしてなかなか自分の思いを出せずにいる時もしずかちゃんはどうしたいのか、心の中をさぐりながら引き出してあげ、わかったよー、いいんだよと、もっとありのままを出せる関係を作っていきたいなと思う。

気をつけて保育していると、二ヵ月経った頃には、しずかちゃんはとても強いこだわりをみせるようになっていきました。その姿は次のようなものでした。

資料Ⅲ—5……………………………………11月14日　千賀子

九月の中間会議の時に、本当はもっと大人に甘えたいのにストレートに思いを出せずにいるしずかちゃんの姿を書きました。それから二ヵ月ほどたって、少しずつだけど、ヤダヤダーを出してみたり、こだわりを出す姿も増えてきています。

朝、しずかちゃんのところに行くと、抱っこーととびついてきて、しばらく抱っこで過ごすのです。このころは一度抱っこすると「たいきくん抱っこしたらダメー」と一人で抱っこを独占していたいのです。誰かを抱っこで受け取ってしまったりすると「イヤ！　イヤ！」。床にゴロンと寝ころがって怒ったりという姿も出てきました。

午睡の場面でもこだわりを出していて、今は千賀子と寝ると選んでいます。絵本を読んでいるからと先に眠いこうへいくんをトントンしはじめると、私の所に来てよーというようにこわい声を出して「チカコ！　チカコ！」と呼んでみたり、ひざの上に来て「んーんー」と体をくねらせて訴えてくるのです。あきおくんと布団が隣りで一緒に本を読んで二人をトントンしはじめると「ヤダ！ヤダ！」と私の手から逃げようとします。まだ寝たくないのかなーと思い、あきおくんだけをトントンするとますます「ヤダヤダー」と言うしずかちゃん。おんぶかなーと思い「おんぶする？」と聞くとうんの返事。うれしそうに背中にくるのです。そんなしずかちゃんの姿をみて、今は自分が一番に、そして自分だけに目を向けてほしい！　と思っているのカナ……と思い、まず一番にそしてしずかちゃんだけにつきあって寝てみよう！　とつきあってみることにしました。

すると本をいっぱいもってくるしずかちゃん。全部読んでもう一回のアンコールにも、いいよ！と答え、読み終わると満足したのか、自分から布団に頭をつけて寝てしまったのです。今は私だけに向いてもらっている、受け入れてくれていると感じられると満足して安心して寝られるようで、そう思ってしずかちゃんと一緒に寝るとヤダヤダと布団をころがる姿もほとんどないのです。大人の表情や言葉をよく見て、よく聞いているしずかちゃんなので、今自分のことだけをみてくれているとか、見てくれていないとかいうのをすごく敏感にキャッチしているんだなー、そして今はいっぱいしずかちゃんのことを見ててほしいんだーというのを感じるこの頃です。

そしてこのごろ、ちょっと気になるのが保育士のことをアムッとかむこと。きのうも隆子先生がかまれていました。理由を聞いたところくすぐってあそんでいたら急にアムッとかんできたそうです。私も何度かあって、同じようにコチョコチョとくすぐってあそんでいたら、足に顔をつけてアムッとかむのです。それもけっこう強く、かんでもケラケラ笑っていて、「しずかちゃん、アムッしたら痛いからかまないでねー」と言うと、一瞬あっという顔もするが、またアムッとかんでくるのです。くすぐってあそんでいると楽しくって興奮してということもあると思うけど、でも何で「かむ」になってしまうんだろう？　と思ってしまう。

あそんでいる時だけじゃなくて背中にもたれてきた時、アムッとしたり、ひざの上をゴロゴロしている時、アムッとすることもあるのです。あとわざと鼻くそを背中につけてきて、「千賀子先生に鼻くそつけちゃったー」と言ってきたり、私がイヤだなーと思うことをわざとやって、私がどんな反応をするか試してくることがあります。私がどこまでしずかちゃんを受け入れるか、試しているのかな？　もっともっと自分のことを見てほしいということなのかナーと考えてしまいます。

今、ごっこが楽しいしずかちゃん

そして、甘えられるようになってくると、千賀子先生を求め、もう一人の担任の吉永先生に、わざと「きらい」などと言って拒否してみたりするようになり、ベテランの吉永先生を悩ませます。それでも、しずかちゃんと一緒にあそび、絆を強くする努力をする吉永先生。だんだん二人は仲良しになっていきます。また、友だちとのあそびも充実していきます。

資料Ⅲ—6……………………………………………………12月21日　吉永

「ヨシナガセンセーキライ」と言われることがめずらしくないしずかちゃんにどうやったらあそんでもらえるのか悩みながらの保育。十一月中旬、早番で行くと、順子保育士のひざで本を読んでもらっていて、私が入っていくと「バカうんこ、バカうんこ」と私に向かってさけんでくる。私もおどけた格好をして「バカうんこ、バカうんこ」と言うとしずかちゃんも笑っておどける。

「ヨシナガセンセーどうしたの?」と昨日休んだことを気にかけて聞いてくる。「きのうね、用事があったの」、しずか「どうちて」、吉永「おでかけして、お買い物に行って、それからお仕事してたの」というと、しずか「バカじじい」と笑う。

この日帰るとき、職員室まで来て「これあげる」と黄色の折り紙を私にくれた。私のことを気にするのはめったにないので、内面の変化が少しでているのだなと思った。

そして一ヵ月。その間にはオモチャのお皿で首のうしろをボンボンとたたいてしずかちゃん自身の存在を知らせる合図をもらったりした。午睡からまどろんだ目で「千賀子センセーがいい」とキョロキョロするので、今、お勉強だからもう少したったらくるから、というと、わかったというように、また静かに横になったりすることもある。千賀子保育士が部屋に戻ると「お弁当食べたからきたの？」と聞いていた。

また、抱っこされようと思っていたのにあきおくんが抱っこされていると、あきおくんを悲しそうに見あげてから、千賀子保育士の足にしがみつく姿もあった。私としては「求められたら拒まない、求められなくてもひがまない」。まさにこれを地でいく毎日。

しずかちゃんに少しずつ変化が起きてきた。私がぬいぐるみのくまさんとお医者さんごっこをはじめると、そばでじっと見ているしずかちゃん。しぐさがおもしろいと思ったのか、昼食後も「くまさんおねつやろう」と誘いに来た。「やろう、やろう」と私も内心ヤッターとばかりにくまさんに検温したり、「あーんとお口をあいてください。あらあら赤くなってます。お薬のんでくださいね。はいお大事に」とごく単純なくり返しのあそびだった。

このことから、翌日も「くまさんおねつやろう」とお医者さんごっこが三日くらい続いた。しずかちゃんがごっこあそびをこんなに望んでいたことをはじめて知ったのでした。

十二月の夕方、病院ごっこやろうかと誘うと、しずかちゃんも「くまさんもってくる」とやる気いっぱい。「ここに寝かせてください。どうしましたか?」と聞くと、「ここいたいんです」と目を指す（以前のお医者さんごっこの時、くまの目が片方とれていて、そのことを思い出しての続きのようだった）。「それじゃ、どんぐり薬をつけましょうね」「このお薬飲んでください」と言うと、二回目の時からは、その薬の包みの紙をしっかり自分のものにして、薬は自分で飲ませると自信をもっていたのでした。

そして「お口（くまに）あーんやって」と言うので「アラ赤いですね」というと満足して、次からはこれを忘れるとしずかちゃんが「あっ、お口みてないよ」と言うのでした。

何回かやりとりをしてあそんでいると、病院ごっこが二歳児クラスのかんなちゃん、さえちゃんにも伝わり、二人がやって来ました。かんなちゃんは待合室で自分で椅子を作って座り、「ネエ、ネエ、ヤマザキサーンって呼んでよ」と催促。くまをみてもらったあと、再診に来た時は、本人もおなかが痛いと言い洋服をめくり、おなかを出して見てもらう。吉永が「これはブツブツがでていて水ぼうそうですね。お薬飲んでください。お大事に」と言うと、かんなちゃんは「ハイ、わかりました」とすごーくやさしいトーンで答え、静々と帰っていくのでした。このあたりは細やかなしぐさで表現する二歳児はさすがと思いました。この様子を見ていたしずかちゃん、さっそく場所をかえてかんなちゃんが診てもらったところへ移り、「おなかがいたい」と言ってきました。「どうしました?」と言うとかんなちゃんのようにおなかを出してみてもらい、満足して薬を飲んだのでした。

今、しずかちゃんは自分より少し豊かに表現しているかんなちゃんにあこがれのまなざしを向けるようになっているし、自分も少し大きくなりたいと思っていることが、手にとるように感じられたのでした。このごっこあそびの合間にも、しずかちゃんは「千賀子センセー、どこにいった？」と聞いてきて、吉永が「たいきくん、外へ行ったからついていってくるんだって」と言うと、「帰ってくる？　千賀子センセー、しずか帰るまで帰んない？」と自分の気持ちを言葉に出していました。不安な気持ちに揺れ動くけれども、今、ごっこあそびが楽しいと思えて、その場から離れずにあそび続けているしずかちゃん。このように育とうとするしずかちゃんの内面に寄り添えるように心がけたいです。

※ひよこのクラスだけでは満足度が薄いのか、イライラした姿を見せることもある。通りがかり向き合っただけで口をへの字にして指先（爪）に思いきり力を入れてガリガリとひっかいたり、かみついたりするので、どうしたんだろうと思うことがある。対象はもも、たいき、こうへいのことが多く、少し心配。そんな時、私たちは、どのように動いているのか、これから気をつけていきたい。

3 二歳児クラス（うさぎぐみ）――のぼるくんと千賀子先生

二歳児クラス（うさぎぐみ）に、千賀子先生が持ち上がりました。当然のように、はじめは持ち上がりの保育者を求めて、こだわりを見せる二歳児です。そのなかで、とくに千賀子先生に強いこだわりを見せたのが、のぼるくんでした。「一年のはじめに」の資料に、二歳児クラスになったばかりののぼるくんのことを千賀子先生は次のように書いています。

資料Ⅲ―7……………………………………………………………………千賀子

進級して何日かはすごく不安だったようで、一日中「おんぶ」と安心できる所から離れようとしないのぼるくんだった。ごはんもお腹はすいてるけど背中から降りないで、結局おんぶのまま、手にもたせて食べはじめたりしていた。はじめてのことにはおっかなびっくりで抵抗してみるのぼるくん、進級で他の人も、一緒に持ち上がった私にはじめのうちはこだわっていたので、のぼるくんとひよこの時（一歳児クラス）みたいに、ずっとじっくりとはいかず、のぼるくんも他の子のことを気にかけている私を見透かすように、ただひたすら抱っこやおんぶでしがみついていた。

乳児会議でも、のぼるくんはあそびがなかなか広がっていかず、こうへいくんなんかはロンパーカーから次は三輪車に乗ってみたくなり、挑戦してみるというように広がっていくが、のぼるくんはドードアー（裏庭の畑にとめてあるトラクターのこと）、ロンパーカー、またドードアー見にいく、とパターン化してるよね、広がっていってないねということが話された。お散歩は好きで「おんぽ行こう！」と言ってはくるが、〇〇公園と言っても、あっあそこか！　とはイメージできないでいたり、これから何をするのかなど、ちょっと先が見通せなくて、だから不安になっておんぶや抱っこを求めてくるのかナと思う。

また、千賀子の姿があれば、千賀子一色になってしまい、他の人を受けつけなくなってしまう。でも坂本先生のことを「バーバ」と呼んでしたっていて大好きで、千賀子が朝いないと坂本先生と一緒にバイバイしている。散歩先（積木公園）は何度もくり返し行っているので、安心してあそべるらしく、ありやだんご虫を見つけると「アギンコいたーダンゴムチいたー」と見つけて絶好調であそぶ日もある。でも時々絶好調であそびだしたにもかかわらず、急にハッとふり返り、私が少し離れて見てたり他の子と、「あり、いたね」なんて共感していたりすると、あわてて泣いてきて怒る。自分の思いと違うように私が動くとやきもちをやいて怒ったりする。ひよこの時に戻ってしまった感じもする。

保護者会でも母が話していたが、家でも朝、機嫌よく起きてきてもごはんは食べない、とコロッと怒りモードになって大泣きなんてことがあるらしい。～して！　～したい！　とにかく自分の思いがでてきてその要求を満たしていないと安心できないのぼるくんがいる。

千賀子先生がたっぷりのぼるくんとかかわれるように

千賀子先生でなくては安心できないのぼるくん。毎日要求されるおんぶをして、のぼるくんの新しい環境への不安をなくしていこうとする千賀子先生が、五月、腰痛でお休みしてしまいました。一緒に担任になったいづみ先生は、のぼるくんが、千賀子先生がいなくても他の大人で安心できるようにいっしょうけんめいかかわっていきます。千賀子先生がいないなかで見せるのぼるくんの姿は、はじめは、いくら説明しても、「ちかこしぇんしぇい、いないの?」と日に何度も聞いてくる様子があったものの、とくに崩れずにあそべるのです。千賀子先生がいるときは、泣き崩れて足にしがみついていくのぼるくんが、いないときは「すっきり」しているように見えるのです。千賀子先生も他の担任の先生たちもこの姿に、どう考えたらよいか、のぼるくんのためには千賀子先生がどのようにかかわったらよいのかと悩みます。

そして、千賀子先生が戻ってきてからののぼるくんの様子を三人の担任でていねいに話し合い、のぼるくんが千賀子先生に思い切り甘えたりできるように三人の担任が協力していくことを決めるのです。その様子が次の資料でくわしく語られています。

資料Ⅲ—8……………………………………………………千賀子

私が年がいもなく五月に腰をいためたころのこと……数日の間、母からも毎日のように「千賀子先生は痛い痛いだから抱っこできないよー」と言い聞かされてインプットされていたのか、「抱っこ」とは言わずにいたのぼるくん。私自身も二週間くらいはまた痛くしたら……と正直抱っこするのがこわくてのぼるくんには悪いなーと思いながらも「のぼるくん、おててつなぐのでもいい？」と抱っこのかわりに手をつなぐことでガマンさせてしまっていた。

抱っこがいいけどそう言われちゃ何も言えないという感じで、仕方なくスンナリ合意してフンフン言わないでいたが……これは本当ののぼるの姿じゃなーい、と心の中で思いつつ、でも今まで通りにサッサカ抱けないでいる自分なので、どうしようもなく……自分でイヤー！　になる数日だった。きっとその間の反動？　というか、やっぱりガマンしているのかなーというのがわかってきたのが、二、三週間たった五月の終わり頃。

ガマンしていたのがあふれるかのように、「ガッコしてー」と泣き続けたり、ごはんを食べるとか手を洗う、着替えるなどの区切りめの時になるとヤダーと言って誘っても反対方向を向いてピェーッと泣いて行ってしまう。近づいてもピェーッ、離れても行っちゃダメとピェーッ、あそんでいる時も自分の思うように千賀子が動かないとピェーッと大泣き。そして長泣きになってしまい、抱っこしても気持ちを立て直せなくなってしまうのぼるくんの姿があった。寝起きに私がたまたま泣いている他の子を抱っこしていればもう大泣きだし……。一度泣き出すと、何がイヤで泣いていたのかもわからなくなるほどグチャグチャになることも多かった。

そんなのぼるくんの姿を六月はじめの担任会議でも話した。ヤダヤダがいっぱい出てきているけど、ただヤダヤダというよりも理由あってのヤダヤダが多くなってきていることや、ヤダとかピェーッとなっているところにせまっていってしまうと余計にヤダヤダになってしまうので、やっぱりまずはとにかく千賀子が「ヤダったねー」とのぼるくんを抱きとめ寄り添っていくことを大事にしていこう。家ではどうやらベッドで一人で寝ているようなのだが、保育園での昼寝の様子（千賀子にくっついてチュッチュッチュッチュッチュッ攻撃でいっぱい甘えながら寝てる）からは想像もつかないのだが、やっぱり甘えを出したいんだよねーということなど、その相手はやっぱり千賀子なのだから、のぼるくんがピェーッとなった時は、内村先生、いづみ先生、りかこ先生にがんばって他の子はフォローしてもらいながら（担任同士で声をかけ合って）、のぼるくんに寄り添っていかなきゃということを話し、やっていくことに私もここでふんばらなくちゃ！　と思った担任会議だった。

それからとにかくのぼるくんが泣いたらとんでいって「どうした？　やなことあったの？　よしよし」と抱きとめることを一番にやってきた。たとえ、のぼるくんがピェーンと泣いた時に私が他の子を抱っこしていても、「いいよ、そこタッチするからのぼるくんのところに行って！」と助け船がきてくれたり、「ここおねがーい」なんて言ってタッチしてもらいながらやってきている現在進行形なのです。

そんなのぼるくんもこのごろ少しかわってきたかなーと思う。一日の中でたとえば、ちょっとぶつかったとかちょっとのことでもピェーッと泣いて出す出し方はかわらないが、そんな時、「あーやだったねー、びっくりしたねー」とすぐに受けとめると、うんうんとうなずきながら気持ちを立て直せることが多くなってきている。タイミング悪く誰かを抱っこ中で行かれないと長泣きになってしまうので、タイミングよくかけつけることが大切だとわかってきた。

また、朝とお昼寝前後は不安定になることが多い。近頃は「カーカは？（お母さんは？）」と確認したくなることが多い。「カーカお仕事カキカキしてるねー終わったら来るよー」と伝えると安心し、「んー」とうなずく。目の前のことだけでなく、カーカは今何してるんだろう？ などとも気づいたり、考えたりするようになったんだーと思った。この朝の出会いとお昼寝の起きた時の千賀子との対面の仕方もけっこう大きなカギで、やっぱり朝はこちらからのぼるくーん、待ってたよーというように「おはよう！　のぼるくんあそぼう！」と声をかけたり、寝起きも一緒に布団でゴロゴロしながら「おはよ！」と寝起きのまったり感を楽しむようにしたりと、こちらから先手で働きかけて、そこでたっぷりかかわると、その後も気分よく過ごせるし、あそべるようになってきている。

そして一番かわったなーと思うのは、あそびへの興味。あそびたいこと、自分のやりたいこと、要求がはっきりしてきていることだと思う。今ののぼるくんの好きなあそびを考えると、積木公園へのお散歩、庭では虫さがし、砂でのお料理作り、中ではメロン室横のすべり台（アスレチック）、ままごと等々、とあそびの世界がいっぱい広がっている。

とくに、今ハマッているのがメロン室横のすべり台。毎日のように通っている。以前は慎重で戸板のすべり台をのぼるなど、とんでもない！　といったのぼるくんが、今では一人でタッタカ上までのぼり、腹ばいになりズルズルーとすべってくる。足もとが不安定でこわがっていたのに、こわがることなく楽しんでいるので驚きです。きのうはお昼寝を起きて着替える時に「のぼるくーん、すべり台シューッておもしろかったねー」と話をすると、急に大あわてで「シューッ行ってくるねー」とトットコでかけていくのです。ここではいろんな友だちとつながって楽しくって大はしゃぎで多少ぶつかったりみんなでだんごになって落ちてきても、それがおもしろくって共感していたりと友だちとつながることも増えて、以前では見られない姿ののぼるくんなのです。あそぶ時は千賀子のことはこだわらず、あそぶことに夢中になっているし、どの大人も受け入れてあそぶようになってきた。

また、昨年は抵抗に抵抗していた水あそびも、自分からやりたいと仲間に入ってきている。洋服がビショビショとか手に砂がつくと、それはイヤなのですが、今週、何回もあそんでいる色水あそびの時はビショビショなのに気づかないほど夢中になって、あそびに気持ちが入り込んでいるのです。我を忘れてあそび込むそんな姿がここのところ毎日なのです。

だからごはんの時に部屋に入ってくる時、すごくいっぱいあそんで満足、という表情で、部屋に「ただいまー」と戻ってきて気持ちも安定している。朝は大人に気分よく受けてもらい、我を忘れるほど夢中であそび、こんなふうにあそびが満足すると、気持ちも満足で安定していく……というように、今、いろんな面で少しずつ芽が出はじめてきているのぼるくんなのだなーと思ってみてい

ありま す
ひばり ほいくえん

る。言葉も豊かになり、いろいろ伝えてくるし、大人もすぐにのぼるくんの言いたいことが理解できるようにもなってきている。先日は急に「ちかちぇんちぇカキカキしてー！」と伝えてくる。〝ん？〟と思いながらものぼるくんの指す方へ行き、よく聞くと、「お絵描きしたいからえんぴつとってほしい！」ということだった。こんなふうに伝えられるようにもなってきている。

だからこれからもまだまだみんなにフォローしてもらいながら、のぼるくんを受けとめていくことを大事に、そしてのぼるくんがおもしろがっているあそびにとことんつき合って我を忘れるほどあそび込むことをいっぱいしていきたいナーと思っている。


千賀子先生自身がクラス担任の会議でわかり合え、実際の保育でも必要なとき、のぼるくんに一対一でつくことも迷いなくできるようになったことで、のぼるくんとことんつきあおうと覚悟が決まっていくのがこの資料から感じられます。それは、どうかかわるとのぼるくんが落ち着くのか、について、かかわりながらたくさんの発見をしていることからも伺えます。

それは、たとえば朝、登園してきたのぼるくんに、千賀子先生のほうから積極的に「おはよう、一緒にあそぼう」と声をかけていくことや、昼寝から目覚めたときに一緒に布団でごろごろしながら「おはよう」と寝起きを楽しむ、というように、求められるからしかたなく、という位置づけではなく、そのときそのときののぼるくんとしっかり向き合っていく姿勢の中から生まれてくる工夫なのです。

他の先生たちにしっかり支えられて

のぼるくんは安心して、あそびに夢中になれる姿を見せるようになっていきます。そして、それを保障できたのは、千賀子先生の努力はもちろんですが、千賀子先生が安心してのぼるくんとかかわれるように支えたいづみ先生や内村先生の力も大きかったと思います。七月の会議の資料に、そのことを千賀子先生はこんなふうに書いています。

資料Ⅲ―9……………………………………**7月10日　千賀子**

四月にうさぎに進級したころは新しいお部屋や大人、友だちに少し戸惑っていた子どもたちだったが、三ヵ月一緒に過ごすうち、少しずつ受け入れていて、今ではえりなは内村先生が好きでこだわっていたり、こうへいはあさこやしゅうじが好き、のぼるもしゅうじが好き、と大好きな大人、友だちがどんどん増えて広がってきているなーと感じる。

そして、I期は、ひばりに来たばかりの内村先生、昨年となりのお部屋にいたけれど、一緒に担任するのははじめてのいづみ先生ともノートを書きながらとかごはんを食べながらとか、その日に出会った子どもの姿を「あーだったよねー」「こうだよねー」と気づいた時にいっぱいおしゃべりできていたなーと思う。だからのぼるくんと私との関係（？）もすぐにわかってくれて、いろいろ話して、今ののぼるくんに大事なこととかも三人で共通にでき、ひよこの時（一歳児クラス）に吉永先生、隆子先生にフォローしてもらいながらのぼるくんを受けてきたように、うさぎになってからも、内村先生、いづみ先生、かおり先生にフォローしてもらいながら、安心してのぼるくんを受けてこれたナーと思う。だから今、少しずつ変化しているのぼるくんがあるのかナーと思う。子どもの姿をいっぱい話して大人同士が子どもへの思いを共有して保育することって大事なんだナーとⅠ期をふり返り思いました。もうすぐいづみ先生が産休に入り、今度はりかこ先生が担任として入るけど、Ⅱ期以降もこの三人で姿をいっぱい話しながら保育していきたいなと思う。だからいづみ先生、安心して赤ちゃん産んできてね。ガンバレー！

大人同士の関係が保育を支えるという実感は、再びお正月明けの資料でも千賀子先生が改めて書いているところです。

資料Ⅲ—10……………………………………………………千賀子

気がつけばあと三ヵ月でうさぎの子たちもりすに進級していくんだ、早いなーと思ってしまう。
Ⅰ期から（ひよこの時から）私はずっとのぼるくんとのかかわり方を悩みつつも大事にしてきた。時には、いいのかなーこれで、とか、うーん、しんどい、と思うこともあったが、資料に書いたりおしゃべりすると、みんなが、今日こんな姿もあったんだよーとかこうなんじゃない？　と伝えてくれ、私も、よしがんばろう！　大事にしようと気持ちを新たにのぼるくんと向き合える日々だった。やっぱりまわりのみんなの支えの大きさ、みんなで見合って保育していることってすごく安心につながるし、大事だなーとⅠ期からをふり返ってみてまた改めて感じたのでした。

のぼるくんだけでなく、その時々気になった人のことは話題にして日々の保育の中でていねいにみてかかわっていこうとやっていくと、少しずつだけど子どもって変化していくんだなと思った。だからりすに進級するまで残り三ヵ月間のⅤ期も、よりていねいに子どもたちの姿を伝え合いながら、保育していきたいなーと思っている。

そして、二歳児クラスのおしまいには、一歳児クラスから気にかけていたしずかちゃんのこと、のぼるくんのことなど、子どもの姿を出しながら、その成長を確かめ合っています。

資料Ⅲ―11……………………………………3月19日　千賀子

三月五日の会議で、ごっこをやりたいけど、いろんなことを考えてしまって、自然に我を忘れてあそびこめなかった子どもの話を聞いていて、ふっとしずかちゃんのことを思い出した。前に資料に書いたかもしれないけど、しずかちゃんも似てるタイプ。いろんなことを先まわりして考えすぎて、ごっこも楽しめない姿が気になってた。でもバブちゃんごっこが楽しいことがちょっと見えてきて、しずかちゃんがひざにきた時をきっかけにはじまったりしている。はじめはちょっと照れがあったしずかちゃんだけど、このごろはすっかり赤ちゃんになりきり、「バブーバブー」と泣いたりミルクを飲ませると寝てしまったりしている。

バブちゃんごっこをしずかとはじめると、必ずのりお、あきお、あさこ、たいき、しょうこなども入ってきて、しずかちゃんの横に同じようにゴロンと寝っころがり、バブになりきり、子だくさんの母になるのです。みんなが入ってきても気にせず、そのままバブになりきっているしずかちゃんです。また、このごろのぼるくんとの関係がすごくよくて、二人でごっこであそんでいる姿がある。先日はすずめさん（四歳児クラス）の動物園ごっこに行くとすぐにネコになって「ニャオーン」とはじまるのぼる。するとしずかもネコになったり、のぼるネコをお世話していたりとずっとあそんでいて楽しそうだった。

自然に友だちとつながって、ごっこあそびに夢中になる姿も増えてきているなーと思う。また、甘えたい時は「抱っこして！」と甘えてきたり、「抱っこで食べたい」と時々行って食べる姿もでてきた。金曜日にお馬公園に行った時は、オオカミと七ひきの子やぎごっこがはじまり、しずかちゃんはオオカミから逃げる子やぎになり、オオカミが来ると、ガチャガチャとカギを閉めたり、「足を見せてみろー！」「おまえはオオカミでしょー！」となりきり、ごっこを楽しんでいた。また、このオオカミと七ひきの子やぎごっこを楽しみたいなーと思っているところです。

今までは大人を求めていたけれど、今はそれプラスあそびをたっぷり楽しむこと。友だちとつながって楽しいねーとたくさん共感できることがしずかちゃんには大切なのかなーと感じている。

4 三歳児クラス（りすぐみ）

——まさきくん入園

受けとめてもらえたと実感できるように

三歳児クラス（りすぐみ）になって半年がすぎ、少しずつ新しく入った子どもたちとの関係もでき、子どものことがわかってきました。そのなかで、とくに気にかかったうちの一人がまさきくん。次々とトラブルを起こしていくまさきくんの姿に悩みながら保育を吟味する担任たち。千賀子先生はその悩みを会議に出して相談します。

資料Ⅲ—12……………………11月5日　千賀子

一日の中で次々とトラブルをくり返していくまさきくんなので、続くとどうしても「どうしたの？」「どうして？」とせまってまさきくんに話すことが多いなーと会議でまさきくんのことを話す中で反省した。まさきくん自身も一度けんかをしてもめると、その後、次々とトラブルとなってしまう行動から、そのイヤな気持ちをずーっと引きずっているのがわかる。

先日、おひるごはんを食べ、私が休憩室をでると、まさきくんが部屋の入り口近くに来ていて、ちょうどひよこ（一歳児クラス）のみなみちゃんが給食室の入口にいると、「はいっちゃいけねーんだぞ」と言うのだった。「そうだねー給食室アッチッチだから危ないもんね」「みなみちゃん、ひよこさんまで送ってあげようか」とまさきくんに話すと、みなみちゃんの手をひっぱってひよこのお部屋へ送っていってくれた。

そして送り届けるとくるっとふり返り「抱っこ」と言う。「いいよ」と抱っこすると、すぐ近くでまさきくんを抱っこするのを目撃したのぼるくんが急に「のぼるも抱っこ」とフンフン言うのだった。「まさきくん抱っこしてるから、まさきくんの次、のぼるくんも抱っこしようね」とのぼるくんには少し待っててくれるように話した。

そのまま休憩室前の流しへと戻り、まさきくんに「まだお皿洗ってないから、洗うまでちょっと待っててくれる？」と伝え、降りて待っててもらうことにしたが、降ろすと、後ろに来ていたのぼるくんのところにサッと行って後ろからのぼるくんの首をギューッとしてしまった。あー待っててねとしないで降ろさずにいればよかったー、失敗、と思ったが後のまつり……。

ちょうど宮田先生もその時来てくれて、とにかく二人を離し、私はまさきくんを抱っこし、宮田先生がのぼるくんを抱っこした。まさきくんは「のぼるをやっつけてやるー」と怒っていたが、「まさきくんが抱っこしたかったから、のぼるくんは抱っこしちゃダメって思ったの？」「抱っこしてたんだもんねー」とまさきくんの思いを察すると力がぬけていった。

一方、のぼるくんは「千賀子せんせいがいいー」と言っていたが、宮田先生が「大丈夫。千賀子先生抱っこしてくれるよ。今、まさきくんとお話してるからね」などと話してくれた。まさきくんと、「のぼるくんも抱っこしたかったんだよ。まさきくんと同じだったんだ……」と話しているうちに、「おしっこしてーんだ」と言う。「そっかー、じゃあ、おしっこ一緒に行こうか」と聞くと、「うん」とまさきくん。のぼるくんにまさきくんがおしっこ行きたくなっちゃったことを話した。宮田先生がのぼるくんを代弁して「じゃあおしっこ行ったら次のぼるくんも抱っこしてね」と言ってくれ、まさきくんにもそれを伝えると、「うん」と言ってくれた。そしてトイレへ抱っこで行く途中、「こうもりのつめまたつけて」と午前中にこうもりごっこした時、作ってあげたつめをまたつけたいと言うのだった。「いいよ。またこうもりになるんだー」と話しながらトイレへ着くと、「そこで座って待ってろ!」と指定された。

おしっこを終え、午前中つけたつめをとってくるとちょうどのぼるくんと宮田先生が来た。その時はもうのぼるくんも泣きやんでいた。「まさきくんまたこうもりになりたいから、このつめつけてからのぼるくん抱っこでもいい?」と聞くとのぼるくんも待っててくれる。まさきくんはつめをつけると、こうもりになり、あそびだした。そしてのぼるくんも「お待たせー」と抱っこすると満足し、二人とも気持ちよく解決したのだった。

この時は、私も自分の都合で「待っててね」とまさきくんの思いを後まわしにしてしまって、失敗し、結果的にトラブルになってしまい、反省した。「これやって」とか「抱っこ」と言う時は、やっぱり他のことを後まわしにしてとにかくすぐに受けとめてあげなきゃダメだよなーとこのことからも思った。

そして、こんなふうにトラブルになってしまった時、二人の気持ちが本当にスッキリ納得し、解決となるには、やっぱり一人では難しい。どっちにも中途半端で余計にややこしくしてしまい、まさきくんはきっとイヤな気持ちを引きずることになってしまう。この時のように、まさきの側にも、のぼるの側にも大人が立ち、二人の思いを受けとめてあげられると、まさきくんにとっても、他の子たちにもいいのかなと思った。そして、トラブルになった時、何が原因であっても、とにかく、まさきくんの側に立って、まさきくんの思いを優先して、受けとめてあげる人がいるようにしてあげたほうがいいのかなとも思う。受けとめてもらえたーと実感してまさきくんの気持ちがスッキリ！　となることが今のまさきくんの解決なのかもしれない。

まさきくんの父のことにしても、会議で「大変な環境で育ったお父さんをかえるのは、お父さんの人生の長さを考えるとそう簡単にはかわらない。だからお父さんをかえようとするよりも、園の中で最大限まさきくんをたっぷり受けとめていく。それでまさきくんの変化をお父さんと共感して一緒にみていく中でお父さんもかわっていけるのではないか」と話されたが、聞いていて、本当にそうだなーと思った。このことははるきくんの母のことでも同じことが言えるなーと思った。

ほんの半年でも前と比べれば、まさきくんも（はるきくんも）かわってきている部分もあるのだから、大人がたっぷり受け入れてあげ、もっと大人を信頼してくれるようにがんばっていきたいと思う。

しずかちゃん・のぼるくんの変化

また、成長してきたしずかちゃんの姿についても引き続き気にかけています。そして、気にかけてきたから見えるしずかちゃんやのぼるくんの成長を三月には確認しています。

資料Ⅲ―13……………………………………3月25日　千賀子

〈Ⅴ期からⅠ期へ〉

昨日の朝のこと……しずかちゃんが「ねえ。千賀子、やろうよ！」と言ってきた。「やろうって何だろう。あっもしかしてアレのこと？」と言うと「うん、そうそう」としずかちゃん。私は、カマキリごっこを浮かべて言っていた。そして「カマキリ！」と言うと「えーっ、ちがうよ。フルーツバスケットのこと言ってんだよー！」と笑いながら言うしずかちゃんだった。「あーフルーツバスケットのことねー。前、カマキリごっこあんまりできなかったからカマキリだと思ったよー」と言うと「カマキリはまたやればいいじゃん」なんて言うのだった。

「そうだね。天気もいいし、外でフルーツバスケット楽しそうだね！」とやることになり、ももちゃんやのりおくんも誘うと「うんやる！」と仲間が増えていく。自分が言ったことにみんながのっていくのがうれしいしずかちゃんははりきってはじめたのだった。やりはじめると、フルーツバスケット好きのこういち、しょうこ、さゆり、まさき、としかず、しゅうじたちも仲間入りして楽しい。ぬけたり入ったりしながらも（メンバーが入れ替わりつつ）あそびが続く。

運動会のころはみんなつかまるとイヤで怒ったり泣いたりしていたけれど、今はつかまっても平気になって楽しめる。こういちくんはそれでもつかまるとしぶるが「次の回の時またがんばればいいじゃん！」と伝えると「もう一回やろうね」と次へ向けるようになった。くり返しあそぶ中で少しずつ変化している子どもたちの姿が見えた。

しずかちゃんもカマキリごっこを毎日、昼、夕方とやっていくうちに、ちょっとずつかわっていった気がする。はじめは私に自分だけ追いかけてほしい！　と思っていたようだけれど、ある日、友だちも一緒にやることのほうが楽しいと思えたのだと思う。毎日カマキリごっこをしてるうちに、あそびの中だと意識せずに友だちと誘い合い、キャーキャー言いつつあそべるし、自分から発信したあそびにみんなが入れて！　と入ってきて楽しめることがしずかちゃんにとっては大きい自信になった気がする。

そのころからか、朝会うと今日のようにしずかちゃんからコレしよう！　アレしよう！　と誘いに来てくれる。アイスクリーム屋さんごっこでは、はとさん（五歳児クラス）やすずめさん（四歳児クラス）に自分から一人で出向いて行き「アイスやさんしてるから来てくださーい」と宣伝してきたりする。やりたいことがあっても自信なくて言えずに悶々としていたしずかちゃんから、今は積極的にあそびに入って「あー楽しかった」と思える日が増えているなーとしずかちゃんの表情を見ていて思えるようになってきた。

同じようにV期にきてかわったなーと思えるのはのぼるくん。のぼるくんが司会の先生の誕生会ごっこはおもしろい。夕方になるとやろうかなーと思うみたいで、せっせとイスをならべて「誕生会がはじまりまーす！」と呼び集め、はじまる。今日の誕生会の時には「今日はだれ先生がやるの？」とかなり気にして見ていた。「田中先生だよ」と教えると「ふーん！」とジッとあついまなざしを注いでいた。予想は大当たりで夕方「じゃっ、誕生会やろうかなー」とやっぱり誕生会ごっこがはじまったのだった。長四角の積み木をもってとしかずくん、まさきくんもやってきてイスにこしかけて、積み木をギターに見たてて弾く真似をして歌がはじまった。すると、ゆうこちゃんやかんたくんも同じようにギターにして弾いていろんな歌をうたってくれてとってもおもしろかった。時には布をかぶって「顔なし」になって追いかけっこになったり、のぼるくんがまわりの子を巻き込んであそびだす姿も出てきていて、本当にびっくりすることも多い。

朝も表情が違って、何してあそぼうかなー◯◯やりたい！　と思いながら登園してきているのがわかる。カレンダーにおさんぽとかパーティー、誕生会、と予定を書いておくと、よーく見ていて「明日は……」と楽しみにして来るみんなです。

前にはるきくんが「今日はとやま行きたい！」と急にもうごはんになるころ言ったのでした。

「今日は行けないけど明日行こうね。みんなにも紙芝居の時相談しよう」と約束。紙芝居の時にははるきくんと呼ぶともうドキドキして動きが止まらないのだった。「大丈夫。先生が聞いてあげるよ」と抱っこしてみんなに「じつはね……」と今日はるきくんがはとやまに行きたかったことを話すと「うん行きたい！」とみんな。はるきくんはそれを聞いてとーってもうれしくてニヤッと照れ笑いしていた。ところが次の日風邪でお休みしてしまった。

でも休み明け、ちゃーんとはとやまのことは覚えていたはるきくん。来るなり「はとやま行きたい！」と言っていた。「そうだねー風邪でお休みして行けなかったもんねー。みんなに聞いて行こうか！」ということでみんなに聞くと「行く！」だったので行くことにした。

その日のはるきくんはちょっと違っていて、帰ってきてからも「抱っこ」と来たり、抱っこすると足をからみつけて降りないと言ったり、いっぱい甘えてきてくれた。自分の思いを受けとめてかなえてくれたと感じてくれたのかなと思った。行ってよかったーと思った。

一人ひとりをみるとまだまだていねいな手だてが必要な人がいっぱいいるりすさんなのだけれど……すずめ（四歳児クラス）になってもあまりあせらず、今ある要求、あそび（今はフルーツバスケット、カマキリごっこ、はとやまさんぽ、ショーごっこ、誕生会ごっこ等々）をかなえつつ、一人ひとり手だてを考えつつ保育していきたいナーと思っています。

5 四歳児クラス（すずめぐみ）——友だちといっしょがうれしい

気持ちのすれ違いをていねいに解いていく

四歳児クラス（すずめぐみ）になって、友だちとつながれることがうれしい子どもたち。そのことをきめ細かくみつめる千賀子先生です。

資料Ⅲ—14 ……………………………………5月8日　千賀子

よもぎつみの日のこと。雨の予報だったので、一日早めて火曜日、連休明けに行くことにした。朝、子どもたちにそのことを伝えると、エーッヤダとつぶやいていたしずかちゃんだったがピンポンポーンとマイクで放送されるとくつをはいて庭に出た。そして「しずか、千賀子とつなぐ」とちょっと固い表情で言ってくるのだった。

しずかちゃんは前からわかっていることはいいけれど、急なこと、はじめてのことには弱くてちょっとかまえるので、あー緊張してるんだなあということがわかった。「うん、いいよ」と手をつないで出発。大人とつないだことでちょっと安心し、行く途中でも「よもぎの葉っぱ知ってる？」などとおしゃべりしながら行くと、ちょっと先のことがわかってきて楽しみにかわっていった感じだった。よもぎつみでは、おもしろがってつんでいたしずかちゃん。

そして帰る時、はじめはサッと来て手をつないでいたが、そこへれんくんが来て「つなごう」と言われると、ニッとうれしそうにつないでいた。さあ出発となると、パッと私とつないでいた手をはなした。エッ？ と顔を見ると「いい」と言ってれんくんと二人でつないでいくと決めて歩きだしたしずかちゃんだった。大人の支えもまだまだ必要な時があるけれども、友だちの存在が支えになり安心できることが増えているんだなあーと、そして気持ちは友だちへと向いているんだなあと思ったことだった。

また同じ日、行きも帰りもとしかずくんと手をつないでいたこういちくん。よもぎつみも楽しかったと思うけど、それ以上にとしかずくんと手をつないで歩いたことが楽しくてうれしかったようで、おうちでお母さんに「今日、だれと手をつないで行ったか？ 『と』のつく人だよ！」なんてクイズを出し、母が降参すると、「としかずだよ」と教えていたそうです。りすの頃（三歳児クラス）に手をつなぐのはイヤで、一人でピューッと先を目指したがっていたこういちくんなので、すごい変化なのです。

よもぎつみの翌日（きのう）も、ホールでてんとう虫をつかまえて指にとまらせ、としかずくんと「うわー、とんだ」「のぼってるー!」とか言いながら、くっついて楽しげに見ているのだった。そしてたまたま二人とも同じ赤のTシャツを着ていたので、「あれっ、二人とも赤のTシャツ着てるねー。もしかしてきのう一緒に手をつないで歩いた時に、赤いの着ようぜ! って相談したんじゃない?」と言ってみた。すると、ニコッと照れながらふり返ったこういちくん、「そうだよ」なんて言う。としかずくんも「そうだよ」なんて言っちゃってうれしそうだった。友だちとつながりたいけれどつながり方が不器用なこういちくんなので、入れてもらえるか? 受け入れてくれるか? と心配でいる。だからとしかずくんが行きも帰りもつないでくれたことは、こういちくんにはすごーくうれしかったことなんだと思う。なんかちょっと乱暴みたいなイメージをもたれやすいこういちくんだけど、としかずくんもきのう楽しかったし、こういちってこんな子なんだ……と思えたんじゃないかな。手をつないで行くというそれだけのことなんだけれども、そういう一つひとつが今のこういちくんにとってはうれしいこと、自信につながっていくことなんだと思う。だから、散歩にはたくさん行きたいなと思っている。

今、楽しいと子どもたちが思えることをかなえてあげながら、そのなかで楽しさを共感し合いながら、こういちくんとしかずくんの姿みたいな場面がどの子にもたくさん経験できるようにしてあげたいと思う。

きのうも沼田先生としゃべっているなかで、まさきくんのあそび方って、目についたものに体が動いて、あそびが転々とすることが多いなということがわかった。だからあちこちでけんかが続いてしまう。でもおうちごっことかまさきくんがはじめたアザラシのたまちゃんごっこ、ちょうちょになったかまきりごっこ等々、まさきくんから発信したあそびのなかでは、どっぷりあそびに入り込んで続くので対照的な姿だということがわかった。まさきくんだけでなくどの子にも言えると思うが、子どもから発信したあそびを大事にしていきたいなと思う。

りすの頃（三歳児クラス）と比べると、本当に取っ組み合いでキズになってしまうほどのけんかが減ったなと感じるこの頃。誰かがけんかしてたり泣いたりしていると、「どうしたの？ 何かイヤなことあったの？」と、子ども同士で原因を聞いてあげている姿をよく見るようになった。

このあいだはたいきくんが、泣いてるしょうこちゃんに一生懸命聞いていてびっくり。友だちが悲しい時は知らんぷりじゃなくて、どうしたんだろう？ と思えることはすてきだなあと思った。気持ちがすれ違ってのけんかはまだあるけれど、わけを聞くとそれぞれの言い分を言ってお互いに「あー、そうかー」とわかり合えるようになった。昨年を思い返すと、全然ちがうなーと思う。

よもぎつみの時も、のりおくんとまさきくんで手をつないでいて、段差を登って危ないまさきくんを「危ないぞ」と引っぱったことから大げんかになったが、のりおくんはまさきくんを危ないと思って引っぱったので、いじめでやったんじゃないとわかると、まさきくんはあっそうかと納得できた。そして、帰りものりおくんと手をつなぎたいと思ったまさきくん。のりおくんもまたつなぎたいと言ったまさきくんに「いいよ」と快くつないでくれて、うれしそうに手をつないで帰ってきた。そして二人であそんでいた。

気持ちのすれ違い、勘違いからけんかになることもいっぱいあると思うけど、一つひとつ解いていき、お互いがあっそうかと思えると、より友だちとかかわりが深くなるんだろうなあーと思った。だから時間がかかってもていねいに気持ちを聞いて伝え合うこと……今年も引き続き大事にしていきたいなーと思っている。

一緒に保育している沼田先生も、六月ごろの四歳児クラスの子どもたちの、楽しそうなひとときを述べています。

資料Ⅲ—15……………………………………………………………沼田

お昼ご飯の後、誰かしらが「今日も千賀子先生をおどかそう!」と大きな声で耳打ちしてきては「内緒ね」。最近はさゆりちゃんやえりなちゃん、今日はのぼるくんも早くパジャマに着替えて「千賀子先生(をおどかすために)、隠れよう」。そして、メロン室の横にいて、まだ着替えていなかったのりおくんたち男の子五人も、「かくれてるからね」と声をかけたら、ピューと走っていき、あっという間にパジャマになって、バナナ室の押し入れに入ってきた。

今日は布が透けて見えて「映画みたい」「あっあれは○○ちゃん」とか、待つ間も暑いところで楽しげだった。千賀子先生が来て「あれ?　みんながいない」と言うと、せーの、ワーと出ていくパターンです。

掃除道具入れの所に入ったり、テーブルの下やロッカーの隅とか少し変化しているものの、毎日飽きないでやってます。今でも待っている間やワーといく時とかに「踏まれた」「押した」とかでけんかになってしまったりすると、その直後、紙芝居に向かうのになあと思ったりもする。でも二十二人がシーンとくっつき合っているのを見ると、子どもたちにとって楽しいことなんだなあと、そのことだけでも見ていてかわいいのです。

すずめになって、ちょっと落ち着きを見せたように思う子どもたちに、ちょっと（私の）気持ちもリラックスしていて、そのことはいいと思うのだけど、友だちを求めるすずめさんたちみんなが関係をうまく作れるわけではないので、複雑になっている感情や、子どもたちが○○ちゃんは△△だ、みたいなとらえ方をしはじめていること、気持ちのあらわし方を深く見極めていくことが一緒にあそびながらも大事だなと思う。子ども発信のあそびを大切にしながらも、大人側からの発想も磨かなければいけないなと思っています。

めぐみちゃんのひとことに救われたまさきくん

一方で、まさきくんやこういちくんのことでは、友だちとつながれてうれしそうな姿もみせるけれど、イライラを激しく出すことも多く、何度話し合っても、これでいいという手応えをつかみきれずに悩み続けます。千賀子先生が九月末に書いた資料にその悩みが出ています。

資料Ⅲ―16……………………………………………………………9月30日 千賀子

まさきくんの姿は日々あちこちで話に出されたり会議の時も話題に出るが、じゃあ、どうしたらいいのかというところにはなかなかたどり着けず悩んでいる。本当に休み明けの月曜日は、とにかく次々とトラブル続きで、まさきくんとあそぼうとするが長くは続かず途切れてしまったり、「イライラしてんだよー」と言って体の動きが止まらない、という感じ。

本人は止められないで物を投げたり友だちの持っている物を取ってしまったりで、そのことで「○○ちゃん、イヤだったんだよ」と話をしても、またそこでのイライラが積み重なってエスカレートしていく。とくにお昼ご飯の後が続くことが多い。

先日もそうだった。おだんご作りの日、自分のおばあちゃんも来ると本人は言って楽しみにしていたのだけれど、結局来なくて、朝からおだんご作りもおだんごを食べた後も気持ちは穏やかではなく、イライラして物を投げて友だちに当たってしまったりが続いた。

その後のことだったのだけれど、めぐみちゃんの大事にしていたホイルに絵を描いてパックの蓋ではさんで作った飾りをビリッと破いてしまった。前日に作ってうれしそうに持っていためぐみちゃんはすごーくショックで固まってしまって悲しそう。

いろいろ続いてイライラしてたのは知っていたので、ここで話すともっとイライラしちゃうかなーとは考えたけれど、でもめぐみちゃんの気持ちを考えると真剣に向き合って話をすることにした。

破っちゃって悲しんでいるめぐみちゃんの思いとかは、すぐにキャッチするまさきくん。だけど「うるせー。オレには関係ねー」とその場を逃げようとするので、私も「ちょっと、それはイヤだよ。関係ねーは困る！」しか言わなかったけれど、そのうち「オレも欲しかったんだよー。だからずるいと思って破いたんだ」と言った。言ったとたんにワーッと、今度は泣き出す。「そうか、わかった。そうだったんだね」と言うと、ワンワン抱っこで泣くのだった。めぐみちゃんもそのやり取りをずっとその場で見ていてくれたので、まさきくんに「じゃあ、めぐみちゃんにそのこと言おうよ。まさきくんはめぐみちゃんにいじわるしてやろうと思って破っちゃったんじゃなくて、オレも欲しいな。ずるいって思ったんでしょ？」と言うと、うんとうなずく。「じゃあ、そのこと伝えようか。千賀子先生が言おうか？」と聞くとうなずくので、そのようにめぐみちゃんに伝えると「許してあげる」と言ってくれるめぐみちゃんだった。なんかすごく救われる言葉だった。

そこでお昼寝起きたら作ると三人で約束し、お昼寝をしたのだった。起きるとすぐに、あれ作ろう！と来た二人。おやつ食べてから、ブロックしていたまさきくんを呼びに行ったのだけれど「あっ、うんわかった」と返事をしたがブロックに夢中。「先に作りはじめてるねー」と伝えると「わかった」との返事。二、三十分してからあらわれて作ったけれど、チャッチャと描いておしまいになってしまった。なんかあれだけ約束ね！としたのに、あれっ？という感じだった。すごくめぐみちゃんのが欲しかったわけじゃなかったのかなーと思った。

沼田先生にそのことを話したら「もしかしたらめぐみちゃんに『許してあげる』と言ってもらっ

たことで、まさきくんは満足というか許してもらえたことで解決したんじゃない？」と言われ、まさきくんにとってはその物どうこうというよりも、許してもらったことのほうが大きかったのか、そうかもなーと思った。

もう一面では、くまの人形を手放せない。ないとわかると「くまがない！」とイライラしたり、くまがないと寝られない姿もある。くまの手のところをクンクンと自分の鼻に押しつけてにおいをかいでホッとしていて、気持ちの安定をくまの人形に頼っている感じがする。

なんだかうさぎの頃ののぼるくんを思い出してしまった。のぼるくんもごまちゃんのぬいぐるみを手放せなかった。乳児期にたっぷりと抱っこされて甘えて受けてもらってという部分は、まさきくんにはなかったのかもしれないと思う。それが今やっと出はじめてるのかなーとも思った。体も知恵も育っていて五歳ではあるけれども、大人との関係とか感情の面はまだ乳児期くらいなんだろうなあ……と思う姿が多いまさきくんなのです。

大人との関係で、ほんとうには安心しきれていない子どもの姿が改めて浮き彫りになってくるエピソードです。千賀子先生は、まさきくんが、大人に安心して身も心も委ねられるようになるためのこれからの道のりの長さを実感しています。でも、だからこそ、まさきくんにそのことをなんとか味わってもらいたいという思いを新たにしたことでしょう。

友だちとの関係はやっぱりあそびで築かれる

四歳児クラスのおしまいに、千賀子先生は、のりおくんとれんくんとの関係が育ってきたことを通して、この時期、みんな友だちとの関係を求めていること、そして、それがあそびのなかでできていくことを書いています。

資料Ⅲ—17……………………………………………………3月24日　千賀子

おさんぽ行きたーい、おさんぽ行きたーい、と毎日のように子どもたちからの声があがり、この日もよい天気だったので、何人かの子と「おさんぽ行こうか」と声をかけると、行くー！　となった。そして他の子たちにも声をかけてみようとホールにいたのりおくんとれんくんに声をかけてみた。すると「エーッ行きたくなーい」とれん。「オレも」とのりおだった。

「天気もいいしさ、前から行こうってみんな言っていたから行こうと思ったんだけどー」と言ってみると「でもヤダー行かない！」とキッパリの二人。「どうして行きたくないの？」と聞いてみると、「だってさー、オレたち○○ショーやるんだもん」との理由だった。今日は絶対行かないなというのは伝わってきた。

毎日、この二人にこのごろはしゅうじくんも加わり、ショーごっこは盛り上がっている。それはもう楽しそうで、お客さんで見にいくと、太鼓のショーは積み木やカラーボックスを太鼓にして組み立ててリズムよくたたいていたりして迫力満点でおもしろいのです。

この日もこれからさあショーをやるという思いだったのだろうナとわかったので、さんぽもじゃあ今度ということで、さんぽに行こう！　と話して待っていたのぼるくんやこうへいくんたちにも、「じつはね、れんくんとのりおくんどうしてもショーをしたくて……」とわけを話したのだった。うんうんと聞いてくれ、今日行けないけど、来週はみんなの行きたがっているたこやま公園へ行こう！　ということで合意したのだった。

ヤダー、散歩絶対行きたい、と言う人もいなくて、みんなわけを聞いて納得してくれたのでちょっぴりびっくりした。どの子ものりおくんとれんくんのショーは見たり一緒にやったりしているので、ああ、あのあそびか！　とわかったのかなーと思ったりした。友だちと一緒に行く散歩も楽しいけれど、友だちとつながっておもしろがっているごっこあそびも、今は楽しくて仕方ない、すずめさんたちなのです。今、この友だちとこのあそびをしたいという思いが、一人ひとりにある子どもたちなので、その日のあそびを決める時、こちらからの投げかけも必要だけれども、前の日からのあそびのつながりとか、朝からのあそびとかを切らないようにしないといけないなーと思った。子どもたちと相談しながら決めることも大事にしたいナと思う。

友だち同士のかかわり方も一年でだいぶ変化したナと思うこのごろ。このれんくんとのりおくんの関係も気になっていて、れんくんがのりおくんの強さに引いてしまって、たたかれても「いたくない、いたくない」なんて、がまんしているなと心配したこともあった。でもあそびは楽しくて共感し合える二人。一緒にあそび続けてきた。その中で少しずつれんくんものりおくんも変化していて、自分の思いをこのように出せるようになってきたれんくん。そして毎日本当にごっこで楽しんでいるのりおくんは、バブちゃんごっこのバブになりきれる余裕もでてきた。

のりおくんのごっこあそびといえば、すずめのはじめのころは動物になって部品を体に貼りつけはするけれども、「お前はこうしろ！」「それはこうじゃない！」と自分がなりきるよりもまわりが気になって仕方ないという感じだった、それだけに、バブちゃんごっこのバブになりきった時はビックリだった。

まわりにいた友だちの目はいっさい気にならず、「お前はこうしろ！」とかぜんぜん言わず、「おっぱいのみたいーバブー」「歩けない、抱っこ」とひたすらバブちゃんになっていた。照れも見せずに入り込んでいたのだった。のりおくんにとってはすごい変化だナーと思った。

れんくんと、心からおもしろい！　と、いっぱい共感しながらあそぶことで、友だちが自分を受け入れてくれるという信頼感がのりおくんにはできたなと思う。だから今、安心して心から友だちとつながってあそぶのりおくんの姿があるのだと思う。のりおくんとれんくんだけじゃなくてみんな、どの子も今は友だちとの関係を求めているすずめさんたち。その友だちとの関係を築いていくのは、やっぱり「あそび」なんだナということを実感した一年だった。

6 五歳児クラス（はとぐみ）になって

年長クラス（はとぐみ）になって、持ち上がった千賀子先生と、二歳で担任し、再び五歳で担任するいづみ先生は、このクラスの子どもたちとどうかかわっていくかを話し合いながら、この一年の覚悟を語っています。

資料Ⅲ―18……………………………………5月12日　千賀子

すずめから進級児二十二名。そしてみちとくんも入園して二十三名になったはとぐみ。母の出産のため一人がずっとお休みしていたので二十二名でスタートした。すずめの後半、家庭の環境が大きく変化したことで揺れていたかんたくんはいたが、一人ひとりが少しずつ変化してきてるなあと感じることがあった。

けれどもはとに進級して、どの子もが気持ちが揺れて落ち着かない日々が続いた。まるでりすす時代、すずめ前半の子どもたちに戻ったかのように感じた。はとへの期待も大きいが、それ以上に環境、人の変化、はとになっていろんなことがあるという、よくわからないが漠然とした不安のほうが大きいのかなと、子どもたちの姿から感じた四月だった。

本当に二十三名、個性豊かなはとの子どもたち。そのぶんかわいさも大きいのだけれど、これからはとのいろんな活動をしていくには、そして楽しい活動にしていくためには、その時の子どもの姿から活動の内容を考えることを大事にしなくてはいけないと感じる。

そして、乳児期に経験できなかったことを、今取り戻し中の人がいたり、一人ひとり違ったていねいな手だてが必要なこともあり、今年ははとの保育を正規二人にしてもらった。そこを職員みんなに大事にしてもらえたのだからたっぷり一年をかけて、子どもたちに向き合っていきたいと思う。一年後、どの子もが変化したなー、大きくなったなと思えるように……。

〈まさきくんのこと〉

すずめの終わりの頃、はじめくんとの関係もよくて、少し落ち着いたなー、まさきくんの思いを伝えてくれるようになったなと感じていたが、はとへの進級とともにすごく気持ちが不安定になった。とくに月曜日は感情のコントロールができなくて、友だちにケガをさせてしまったり、イライラを言葉や態度で全身であらわしている。

ずっとはじめくんとのお料理が楽しくて、お互いに朝会うのを楽しみに「また明日」と続いていたが、この頃ははじめくんがまさきくんを避けている。朝は会わないように隠れて来たりしている。

はじめくんも自分の思いがハッキリしてきてまさきくんに対してもハッキリ出すようになった。だからこの間もぶつかって、二人ともひっかき傷の大げんかになった。その後からか、はじめくんはお料理をしようとまさきくんに誘われても、あまり行かなくなっている。

今朝は「はじめ、おはよう」とまさきくんが声をかけると、スーッと行ってしまう。「なんだ、照れ屋だなあ」とつぶやいていたまさきくんだが、避けられていること、はじめくんがのってこないことは感じているのか、よもぎつみには「千賀子のこっちとこっちで手をつなごう」と私をはさんでつなぐことを提案していた。うーん、それならば……という感じで手をつないだはじめくんだったが、まさきくんが近づくと落ち着かないはじめくん。何かといつものようにかかわりたいまさきくんはちょっかいをしかけるのだった。

ちょっと今バランス悪い関係になりつつある。まさきくんのはじめくんへの思いは強いが、はじめくんは他のあそびがしたかったり、ごはんの後もまさきくんから離れていくのだった。

すごく繊細でいろんなことに気づいて思いをめぐらすため、そんな自分を保つためというか傷つく自分をはねのけるように、強い態度、強い口調、かんだり、けったりとまわりに当たり散らしてしまうまさきくん。だから一度ことが起きると気持ちの処理ができないため、次から次へとトラブルが続く。どこかで向き合って、まさきくんの思いを受けとめようとするが「うるせー、知らねー」となってしまう。まさきくんの思いをわかりたいけど、こちらのかかわりが否定に思えるのか、なかなか伝わらず……時間がかかる取っ組み合いになってしまう。なんだかそんな時は悲しくなってしまう。

まさきくんが思いをぶつけ、何が嫌だったか言うまでつきあうのだが、言えるとウァーンと涙に、そして今度はおんぶ、抱っことことん甘えてくるといういつもの道のり。そんなまさきくんの手だて、難しいのだが……。今はまさきくんは私のことを母のように慕ってくれていて、「千賀子がいい」と言ってくれている。だから今は、私がまさきくんの気持ちに添っていくように、まさきくんの思いを「○○だったんだよねー」とわかってあげられるように、まさきくんの側に立つことが大事なんじゃないかと（昨年のあきみちゃんの実践から）、稲本先生が言ってたよと沼田先生が教えてくれた。

そして、それだけではやっぱり他の子にとって理不尽なことが多いので、他の子の側に沼田先生が立って、「でもね、○○ちゃん○○なんだよ」と伝える人になる。私はまさきくんの思いを他の子に伝えるというふうにやっていくのはどうかな……と。

うーん、なるほどまさきくんの側には立とうとしてきてはいたが、やりきれてはいなかったかもな。もっとはっきりとそうしてもいいのかなと思った。いづみ先生ともそう話して、やっていこうと話したのだった。保育のリードはいづみ先生が、まさきくんに添いながら私がと、やってみてはいるものの、徹底することってすごく難しいな、というのも感じているが、とにかく私がまさきくんの側に立つことを努力してみようと思っている。はとだけでなく他のクラスの子とも、そういう場面があると思うので、他のクラスの先生にも協力してもらうことがあると思います。よろしくお願いします！

そんなまさきくんだが、見通しの持てる活動とか好きなことには取り組む力もある。お料理好きで「オレはコックになる！」と宣言しているだけあって、レストランごっこのメニューは多種多彩で、「スペシャルキムチチャーハン」「スペシャルマーボウ豆腐」とおもしろいのです。

料理好きなので飼育の活動は楽しみにしている。はじめて飼育した日は、まさき、えりな、しょうこ、しずか、ありさ、さゆり、むつこ、はじめ、もも、こういち、れんとけっこうみんなやりにきたのだった。そこでの雰囲気もすごく穏やかで、キャベツを切りながらおしゃべりも盛り上がっていた。

料理上手でコックになる！　と言っているまさきくんのことを子どもたちも知っていて、えりなちゃんが「なんか本当にまさきくん、コックさんになれそうだねー」と言うのです。「そうだろ、コックになれるだろ」とうれしそうなまさきくん。「えりなはレジのお姉さんになる（レストランの）」と立候補するえりなちゃん。そしてしょうこちゃんも「じゃあ、しょうこはレストランのお姉さんになる！（注文を聞いたり、ごはんを運ぶ人）」、なんてみんなでレストランでも経営するかのようにかわいい会話をしていました。

そして今日、つりざお作り。くるくる棒にビニールテープを巻いていったのですが、ふみきり棒のように白黒で巻いたり、カラフルに巻いてみたりやりながらも、そこにいる子たちで会話も弾んでいて楽しい雰囲気。

あさこちゃんがビニールテープがはさみで切れなくて苦戦していて、まさきくんがうまく切っていると「まさきってすごーい」と感動して言っていて、それを聞いて「手伝ってやろうか？」と手伝ってあげたりもしていた。やっぱり楽しいことに向かう力は持っているまさきくんなのです。

この頃は忍法を使って変身するあそびもおもしろくて、たいきくんが「まさき、またあの変身するのやろう！」と誘ったりもしていた。まさきくんの強さに近づくのを嫌がっている人もいるけれど、あそびでつながっておもしろさを共感できると、またまさきとあそぼう！と思うのだなあと思った。

やっぱりあそび、楽しいことを考えて一年間おもしろいを共感できるようにしていきたいです。卒園までかけてまさきくんがかわっていけるといいなと思ってます。

資料Ⅲ―19……………………………………5月12日　いづみ

はとの担任になり、最初のうちは持ち上がりでなかったので、どの子ともまずは仲良くなりたい気持ちで臨むつもりでいたけれど、四月はまず、まさきくん、はじめくんから目が離せず、気持ちが落ち着かなく、気持ちの出し方が幼い子（こういち、かんた、はるき）の受け入れ、対応に、千賀子先生と二人で向き合っていくことが多く、その他の子どもたちとはなかなかかかわっていけなかった。

外へ向かっていくまさきくんたちとは対照的に、ごっこあそびの好きな女の子たちは部屋へ。のりお、れん、しゅうじくんたちもホールや部屋、あきお、たいきくんもブロックでクラッシュギア作りを楽しむことが多かった。

四月は全体的にワサワサするので、中と外にそれぞれ自分たちの落ち着ける場所を求めていったのだと思う。それぞれがそれぞれの場所で楽しんでいて、それはいいなと思ったのだけれど、なんとなく淡々と日々が過ぎていってしまって少々あせった。はとになったことが「はとだねー」「うれしいなー」と素直に喜んだりということがあまりなく、トゲトゲしてしまう姿にいっぱい出会い、はとだけではじめて行った草村公園散歩へも全然気持ちが寄せていけなくてあ然としてしまった。この間わかってきたことは、やってしまえば楽しいし、やれる力もあるのだけれど、やるまでの気持ちの乗り方が難しい子が多いということ。楽しい出来事なのにちょっと見通しがもてないと、それだけでドキドキして友だちにあたる、行かない、など、いろんな姿になってしまっている。なので、包丁を使う飼育などは、なかなか大人側が踏み出せず、四月はあえて取り組まなかった。飼育台はいつの間にかまさきくんとはじめくんのごちそう作りで使う場所になってしまい、どんどん飼育から遠ざかってしまうような気がしてなんとかせねばと思っていた連休明け、やっぱり誇らしいはとの姿、はとだからできる（取り組める）姿が他のクラスにも目についていくといいなと思い、うさぎ、にわとりを気にしていた子たちに声をかけて、まずは数人でもやってみることにした。

「待ってました！」とばかりにやってきたはとさんたち。猫の手にして細かく切るのもお手のもの。「だって、前のはとさんがやるの見てたもーん」としょうこちゃん。期待していたことがヒシヒシと伝わってきていた。はじめくんは自分の番がくると「やったことない」と急に気がつき、あたりをウロウロ。最初は保育士も手を添えて切ってみることに。途中までやってみると大丈夫と思えたようで、その後何でも切り「飼育って楽しい」とニッコリだった。

ごちそう作りの好きなまさきくんはお家でお手伝いしていることもあって、「まかせろ」とばかりに得意気に細かく切ってとても上手。一人一本ずつ交代で切る順番を守っていた。「コックさんになれそう」とえりなちゃんに認められるとうれしそうにしていた。

激しさが目立ってしまいがちのまさきくん。だからこそ、いろんな場面のなかでいつもと違った良さがみんなのなかに見えて認められていくことが必要だし大事だなと思う。他の子にとってもとても大事なことと思う。

これからはとだけの活動が多くなっていくのだけれど、活動によって先に伝えて楽しみにしていけるものと、先に伝えてかえってドキドキしてしまうことがあると思う。今回の飼育のように全体に声をかけて取り組むよりも、まずは興味を示している子を中心に取り組むなど、子どもの様子から見極めておろしていくことが必要だと思った。

すずめから楽しんできているはと山探検、ザリガニつりには「はとでー」と気持ちが寄せられるのを感じる。まずははとの仲間とやるはとの活動が、楽しいと思えることをいっぱい積み重ねていきたい。そして保育士も共通体験でおおいに共感していこうと思う。

実習生が来た時、オオカミごっこと称して実習生がオオカミになり、ただ追いかけるというあそびを嬉々として楽しんでいたはるき、かんた、こういち、まさきくんたち。ルールはなく、追いかけてもらって楽しいマテマテの世界がまだ心地よいことを目の前にしてハッとさせられた。

すずめの頃から高氷鬼は大好きだったので、高氷鬼なら他の子も好きかなと思い、朝やってみると、一人入り、二人入り、たちまち半数近くのはとさんが入れ替わりながら楽しめた。途中交替オニというタッチされたらオニになるという単純なオニごっこも楽しめた。普段、静の状態が多いゆうこちゃんも嬉々としてやっていて、こういうの好きだったんだーと発見だった。

この頃はしずかちゃんが近所の子と楽しんだハンカチ落としに、友だち、保育士を誘い広げている。ちょっとルールのこみいったあそびも楽しみたい要求があり、むつこ、ありさ、れん、しゅうじ、あさこが入っている。はとでつながれるこれらのあそびを一日どこかで継続してやっていけたらいいなと思う。

千賀子先生といづみの二人ではとの担任をさせてもらえるこの一年、四～五月の様子から、まずは千賀子先生がまさきくんの気持ちに寄り添い、味方になっていこうと話した（くわしくは千賀子先生の資料にて）。まさきくんが安心できることでいろんなことがかわっていけるのではないかと思う。急がずにいつも目の前の子どもの姿から出発していくことを忘れないで保育していきたい。

その後も、担任たちは、次々と自分の思いをぶつけてくる子どもたちと必死にかかわっていきます。先生たちの悩みは大きく深く、でも逃げずに子どもたちを大切にしようとがんばります。もちろん、そのときそのときに、会議でも話し合い、職員みんなで支えるなかで保育がすすんでいったのでしたが、その奮闘する様子が、九月の幼児グループ会議の資料からもうかがえます。

資料Ⅲ—20……9月14日　いづみ

こういちくんのことを書くにあたり、前回の幼児グループ会議（六月二十九日）の報告を読み返してみた。こういちくんのことを気にかけつつも、四月以降、気にかけなければいけない子がたくさんいて、こういちくんのおもてに出される行為に対して「またあんなことしてる！」「まったくもう！」という感情しか働かせず、行為にふりまわされて何の手だてもしていなかった自分だった。

そんなとき、起きた「ガラス割り事件」。こういちくんの行為は「はとさんなのにあんなことしてるー」「こういち、いけないよね」となりやすく、私もガラスが割れるその日まで、こういちくんにも年長さんらしくふるまってほしいと考えていて、こういちくんの気持ち側に寄り添うというより、その姿を正したくなって、注意ばかりの声かけをしていたと思います。

しかし、みそ汁の中に割れたガラスが突きささったのをみて、こういちくんがこういう形でしかまだ思いが出せない現実に、もっとこういちくん側に立って考えなければいけないんだとハッとさせられて、千賀子先生と相談。千賀子先生がまさきくん側に全面的に立っていたように、こういちくんにも全面的に味方になる大人が必要。「この大人、わかってくれている」という安心感がないと、なにごとも出発できないと感じて、かかわり方を百八十度かえていくことにしました。

あそびの部分でも、まずはこういちくんのやりたいあそびに寄り添っていこうと、こういちくんとつきあうことをいつも念頭におき、ちょうどなつまつりがせまってきたころ、外であそんでいた時、「バブになる」とこういちくんがバブになって私が母役で、抱っこしてもらいつつ、ちょっと出かけては藤棚の葉っぱをたくさんつんできて、保育士の帽子をいっぱいにするあそびをはじめたこういちくん（部屋ではお金をいっぱい作っておサイフをパンパンにさせてもち帰る）。こういちくんがバブになるといったのもびっくりしたし、「いづみとバブちゃんごっこやりたい」と翌日も言うようになったのが驚きだった。朝、出勤するのを職員室で待っていたりする姿に出会った時はさらに驚いた。

あそびはくり返し同じなので、時には、縁台のところで砂のごちそうを作ってそれを買いにきてもらうお店やさんごっこの要素も取り入れてみた。お客さんが葉っぱのお金をもってきて払ってくれて、バケツいっぱいになっていくのがうれしい。「いっぱい」がいいこういちくんだった。

バブちゃんになりつつ、機敏な動きをとるので、つい「こういちくん」と呼んでしまうと「ちがうでしょ。バブちゃんでしょ」とその都度言い返してきて、母役になっている私のことも「おかあさん」とちゃんと役名で呼んでいた。ほんとうにそのつもりになっている関係の中にいるんだなー、そういうこういちくんを三歳児で入園してからほとんど見たことがなかったので、驚いた。

昨日、休み明けの月曜日、天気もいいし、アスレチック公園という楽しい公園もみつけたので、地域センターに貼られているはとさんが描いた旗も見にいきつつ、お散歩に行ってこようと投げかけると、それまで意気揚々としていたこういちくんが「行かない」と怒りはじめました。「他に何かしてあそびたかったの？」「もしかしてこういちくん絵を描かなかったかも」という千賀子先生の言葉を思い出し、「旗描いてなかったから見に行きたくないの？」にも違うと首をふるこういちくん。「先生と手をつないでいこうよ」「ながーいすべり台がある。おもしろい公園見つけたの。こういちくんと行きたいんだよー」とせまる私に今度はイスを降り上げて怒り出したこういちくん、もうわからないー。

でも朝からのかかわりの中で思い出したことがありました。それは、登園して開口一番、「昨日、ヨーカドーでみちとにあったんだー。この間もあって、これで二回目なんだよ」と言っていたことです。まだみちとくんがそういえば来てないなーと思い、「もしかしてみちとくんが来てないから？」と聞いてみるとウンとうなずいてやっと動きが止まったのでした。

急いでみちとくんの家に電話を入れているところへ「オハヨウ」とみちとくんが来て、こういちくんもニコニコになり、みちとくんと手をつないで出発できたのでした。

気持ちの出し方がまだ幼く、一見わかりづらく、ストレートに「みちとまだ来てないじゃん」「みちとは？」と言葉で伝えることが本当に難しいこういちくんなのです。でも、こんなふうに友だちを思う気持ちが五ヵ月はとで過ごしてくる中で芽生えてきているのはうれしく思いました。

公園では高氷鬼、園庭では中あてドッチがこのごろ好きなこういちくん。中あてをすると「オレにあてて」とやはりまだ自分中心で、一人、二人とはとさんは抜けてしまいます。でもまずは好きなことを続けていくことを大事に、みんながいないとつまらないこともやがては気づいていけるといいなと思っています（けっこうそこが難しいから）。体を動かすあそびが好きなこういちくんなので、体を張ってかかわっていきたいです。時々担任だけではつかみきれない姿にも出会うので、こんなときこうしたらこうだったよ、言葉のかけ方など、ひろったところの様子をどんどん伝えてもらえたらと思ってます。よろしくお願いします。

この資料からは、担任の先生たちが悩んでいたということが痛いほど伝わってきます。それでも、ていねいに子どもの気持ちを聞き取り、わかっていこうとする保育を手放さなかったことで、卒園の頃、冒頭のようなおだやかな姿を見せてくれるようになっていくのです。

しずかちゃんのつぶやき

一歳児クラスの頃からずっと気にかけて保育をしてきたしずかちゃんはどんなふうに成長したのでしょう。卒園間近の千賀子先生の資料から見てみます。

資料Ⅲ―21……………………………………3月23日　千賀子

卒園式も終わり、ホッとのんびりあそんでいた今日だった。ノートにもお母さんたちからもたくさん感想が寄せられていた。その中でのしずかちゃんのノートでお母さんが「しずかがうたっている姿を見て涙がでてきました」と書いてあったが、卒園式で堂々と胸をはって大きな声でうたうしずかちゃんの姿を見て、自信をつけているんだな、自信をもてるしずかちゃんになったんだーと私もうれしかった。証書や文集にも書いたが、はとの子にも小さい子にも温かく、すごく見る目が平等。けんかをしていても必ず両方の思いを聞いて、どっちが悪い！　と決めつけずに、どちらの思いも聞いて「こういうところはわかるよ」「こうしたのがイヤなんじゃない？」と気持ちを必ずわかってくれるしずかちゃん。本当にそんなふうに人、友だちを見れる力ってすごいなーと感心し、私もその大事さを改めて実感することがたくさんあった。

はとの仲間の中でも、しずかちゃんの存在は貴重で、しずかちゃんに助けられたまさきくんがいた。何度も理不尽にたたかれてしまうこともあるけれど、決してまさきを「キライ」とは決めつけずに根気よくまさきの要求にこたえてくれたり、くったくなく思ったことをまさきに伝えたり、まさきの良き理解者だった。ずいぶん救われたまさきくんだったと思う。

そんなしずかちゃんもはじめから自信があり、何でも思ったことを伝えられる、人の思いをわかるしずかちゃんではなかったよなーとやっぱりひよこ時代（一歳児クラス）からの姿もふと思い出したりした。ひよこで入園したしずかちゃんは、とにかく「安心」と思えるまですごーく時間がかかった。人にも場所にもこだわりが強く、他の人を絶対に拒否。なかなか難しい人だった。不安をいつもかかえて表情も硬く、りす（三歳児クラス）に進級した時は、私がごはんを食べに休憩に行くと言うと「ダメー、ワーン」。ごはんの時間が近づくとわかるので、グチャグチャになって不安で泣いてしまう姿もあった。とにかく、その時こだわっていた私しか受け入れないという感じでいた。

りす、すずめ時代（四歳児クラス）も寝る時は「千賀子と」とそこはかわれなかったり、思いはたくさんあってもなかなか「だって……」と素直に気持ちを出せなくて、しずかちゃんが「だって……」を言い出すまで、いっぱいつきあっていたのを思い出す。「だって〜だったんだ」と言えるとパッと表情が戻るのだった。何かイヤなことがあっても、「わーん」と泣いてくれず、じーっと目線やしぐさで、気づいてよ！　というサインを出してくる。そこはていねいにキャッチしてきたと思う。三歳から入ってきた、感情をワーッと出せる子たちとは反対に、ぐっと言いたい、伝えたいことをのどのところに押し込んでいたしずかちゃんでした。

はとになったころから友だち関係もぐっと広がり、自分にも自信をつけていったしずかちゃん。誕生会で毎年すいか割りをしていたのだけれど、もうすぐしずかちゃんの誕生日というころ「やだなー誕生会。しずかはすいか割りしたことない！」と言ったしずかちゃん。りす、すずめと自信のないすいか割りは絶対にやらない！　とやらなかったしずかちゃんだった。だから、うれしいはずの自分の誕生会を「やだな」と思ってしまった、またすいか割りやるんでしょ……という感じだった。

そのつぶやきを言えたしずかちゃん、すごく良かった。そのつぶやきのおかげで、私たちもハッと思い、今年度の夏、誕生会ではすいか割りをやらないで、マジックショーをやったのだった。そして別の日にすいか割り、やり方も変えて……。しずかちゃんもこの時は参加できたのだった。

しずかちゃんのつぶやきからすごく私たちも教えられた。気づくことができた。子どもの思いや姿によって、中身はいくらでも考えられるし、変えることができるということ、学んだ気がする。はとではじめての行事がたくさんあり、しずかちゃんのドキドキは大きく、揺れると大人を頼りにきて、いっぱい甘えて、でも友だちとのつながりは強くなっていき、大人よりも友だちを頼ることのほうが多くなってきた気がする。

乳児期からこだわる時期にこだわった大人がたくさん受け入れていく。そのことをどの職員、大人もわかってくれていて、しずかちゃんと私との関係も大事にしてこれたと思う。

大好きな大人からその子のペースで友だちへと力をつけていくことをどの大人もが見守ること、大事だなと思う。自分の思いを素直に口に出せるまでにいっぱい時間をかけて向き合って聞いてあげること、つい〝もう……どうして言えないの〟と思っちゃうこともあったけれど、やっぱり大事と思っていっぱいつきあってきたこと、今のしずかちゃんの自信や友だち、小さい子の思いをわかってあげられる力になっているのかも、と思うこのごろです。

このクラスの子どもたちの一年一年が、担任をした先生や、ひばり全体の職員に、子どものとらえ方と保育の手だてをするどく問いかけ続け、そして、子どもたちの一人ひとりが、どんなに必死で生きていて、いとおしい存在であるかを教えてくれました。

徹底して子どもの側に立つ保育

Ⅳ

小宮山先生が学んだこと・
小宮山先生を通して学んだこと

ここでは、ベテランで、保育者としての経験を積んだ後、ひばり保育園に異動してきて、十二年目に病気で亡くなるまで、保育への情熱を燃やし続けた小宮山先生の足跡を辿りながら、小宮山先生も含めて私たちが学んだことを書きたいと思います。

1 はじめて担任したあさみちゃんとの格闘

異動してきたばかりの頃、小宮山先生は、ひばり保育園での子どもたちとの生活で、目につくところ、気になるところがたくさんあったようです。そのなかでも、かかわり方に迷ったり困ったりしたのが、三歳児のあさみちゃんでした。

あさみちゃんは、こだわりが強く、小宮山先生のそれまでの保育の経験で三歳児になればこのくらいは聞き分けると思っている予想を大きくくつがえす子どもでした。

マイペースのあさみちゃん、いやなことはとことんいやと主張するあさみちゃんとどうかかわったらよいのか、悩みながらもきちんと向き合って保育をしてきた一年目の二月に、小宮山先生はあさみちゃんの資料を書いて、一年間の保育をふり返っています。

資料Ⅳ―1……………2月1日　小宮山

四月はじめて出会う子どもたちだったので、新鮮な反面、よくわからない不安の大きいスタートでした。これは子どもたちも同じ思いだったと思います。そんななかでのあさみちゃんはとくに印象が強く、エッ三歳児？（ゴメンサイ）どうしようと、感じてしまったことを今でも覚えています。

お母さんが妊娠中だったこともあるのか、とにかく朝はしっかり抱っこで受け入れないと別れられないし、抱っこでも泣いているという日が続きました。さらには一に山田先生、二に根本先生、二人ともいないと沼田先生、それでもダメなら小宮山でがまんしようというように、あさみちゃんにはこだわり（？）がしっかりありました。受け入れられるときにはその要求をしっかりと受けとめ、あさみちゃんが満足するまで抱っこしていてくれた副担任の先生たちにはありがたいと思うと同時に学ぶものも大きかったように思います。

担任だけだと他にも朝しっかり受けとめないといけない子も何人もいたので、それぞれの場でいろいろな人が受け入れをしてくれて今日になるのだなと改めて感じます。

あさみちゃんも安心して自分の要求がだせて受けとめてくれる大人がいることで新しい担任にも少しずつ近づいてくれたように思います。

〈なにをするにもマイペースのあさみちゃん〉

散歩に出ても自分の気にいった花が咲いているとまわりの状況はいっさい感知しないというふう

に花をつみだしてしまい、何度よびかけても腰をおろして花と一体化。先を行きたい子どもたちの要求もあったので、いつもあさみちゃんは沼田先生と一緒だったように思います。

遠足でいった南沢の湧水でもそうでした。お弁当を食べるために入った水道部敷地内はシロツメクサでいっぱい。お弁当にはほとんど目もくれず（ほんの一口食べたくらい）ごちそうさま！　をして花の中にドッカリと腰をおろし、満足そうに花つみをしていました。

思わず「もっとお弁当食べないと」と言いそうになりましたが、言ってもきっとこないだろうなと思い、声をかけなかった。帰るときにも残念そうになかなか腰もあがらず、泣きながら一番最後を根本先生と歩いてきたように記憶していますが、記録がなくて……。

とにかくあさみちゃんを見ていると、やりたいことはとことんやる、やりたくないと思うことは徹底してやらない、やりたくない、という感じで、どう対応していいのか、迷ったことがたくさんありました。

たとえば、昼寝のあと、トイレに行こうというと「でない！」、でもずっとしていない（寝る前もいかないことが多い。間隔は長いかな）。きっとでるから行こう、先生も行ってあげるから。それでも「でない」。いやでる！　と思い込んで必死で声かけをして、トイレまでつれていく、泣いてしまう。でもトイレでたくさんでる、ほらでたでしょ、よかったね、と言っても泣いている。私は来たくなかったーと訴えているかのように……。

「でない！」を尊重したら、おやつの最中とかタオルをしぼっている最中、大洪水。でてもこちらが気づいて声をかけるまでなにも言わない。「あーあ、やっぱりでちゃったね」。声のかけ方を失敗して大泣きされたこともしばしばでした。本当にもうーと思うことがいろいろな場面でありました。

〈お母さんをみていて〉

お母さんは保護者会などでは「あさみとすぐけんかになってしまう。ムキになってしまってあさみも意地をはって泣いて二人でグチャグチャになることも多いんです」と話していましたが、お迎えなどを見ていると、あさみちゃんを急がせることなく、オシッコのおもらしが袋いっぱいになっていてもちっとも気にする様子もなく、あるがままを受け入れて見守っているというふうに感じられ、先へ先へ急がせてしまう子育てもあるけれど、今を大切にゆっくりと待っている子育てもあるんだなあと改めて感じました。

〈お母さんの話から〉

一番星をみつけてお願いごとをすると、かなえてくれるんだって、というようなことを話したら園からの帰り道、自転車のうしろで、「あっ一番星みつけた！　お星さま、お願いです。おじいちゃんにおばあちゃんを返してください」といったそうです。一人で暮らしているおじいちゃんに思いをよせているあさみちゃんを感じ、なんだか胸があつくなりました。

〈最近のあさみちゃん〉

じっくりと自分のやりたいことをやってきたあさみちゃんはこのごろでは「いいの自分でやるか

ら」という言葉がたくさんでてきて、今までやってやってだったおしぼりしぼり、着替えなどしっかりと自分でやっています。おしぼりしぼりなどまだしぼり方が十分でないけれど、水道へタオルをもっていってしぼっているのをみると、なんだかすごい！　と感じてしまうのです。あんなにいやがっていたトイレも「先生オシッコなの」といって一人でいったり、「一緒にいくの！」と手をひっぱったりしながら、自分の意志で行くようになりました（まだ時々洪水もあるけれど……ちっとも悪びれないで海みたいになっちゃった！　なんていうこともあったりして……）。

とはいってもまだまだ難しいところもあって、たとえば食事のときでも自分の食べたいものだけおかわりを要求していらないものはいっさい口に入れようとしないで、ちょっと食べないとおかわりできないんだよ、なんていうとワーッと大泣きしてしまうこともあります。時と場合をみながら受け入れたり、がまんさせたりしているのですが……。

本当にできるようになる力ってなんなのかなとあさみちゃんをとおして考えさせてもらったように思います。

大人はつい生活習慣の自立をとても大切にしてしまってしつけといってもこうしてああしてと教えていってしまい、できないと叱咤激励しながら身につけさせ、身についたと思い込んでしまうけれど、本当にそうなのかなという疑問が大きくなってしまいました。

その子をまるごと受けとめ要求をしっかりと出させてその要求にこたえていくことで、子どもって大人を信頼し、いろいろなものへの意欲が出てきてやる気が生まれ、力になっていくのではないかなと思います。保育園の中で子どもたちが安心して自分が出せるようにしてあげなくてはと思っているこのごろですが、わがままがどこまでをいうのか、まだわからなくて……。

そして、小宮山先生は、あさみちゃんのこだわりに、「もう～！」と思うこともいろいろあったことを率直に語りながらも、あさみちゃんの、自分の意思を通そうとするその堂々とした日々と、はじめの頃いやがったおしっこに自分から行くようになったり、やってやってと言っていた着替えを自分から一人でやるようになったりといった成長の姿をみて、子どもが本当に何かができるようになっていく力ってなんなのかを考え、あさみちゃんから学ぼうとしているのです。

2 なぜ、年長の子どものことで学習会するの？ 私の保育に問題が？

このクラスを年長まで持ち上がった小宮山先生は、その年の夏、園内の学習会で五歳児クラスを取り上げたとき、大きなショックを受けます。

なにか問題があるから自分のクラスが取り上げられたのではないか、という疑問は、いくらそうではなくて、見えやすいし、年長はキャンプもあったし、みんなでつかんだ姿もたくさんあるだろうから話しやすいし、年長の子どもたちは夏ぐらいによく見ておかないといけないからと説明されても消えなかったようでした。

そして、実際の学習会で、小宮山先生はさらにショックを受けるのです。そこで次々語られる五歳児クラスの子どもたちの姿には、担任の小宮山先生の知らないことがたくさんあったからです。

小宮山先生は、そのときのことを後になって、担任の自分よりも子どものことをつかんでいる人が何人もいるってすごくくやしかったし、ショックだったと語ってくれています。でも同時に、担任だからといって、自分だけで子どもたちを見なくていいんだ、もっと、他の保育者たちにも委ねていいんだと、ちょっと肩の荷がおりた気持ちもどこかにあったそうです。

どのクラスの子どもたちも保育園のみんなで保育するというこのひばり保育園のあり方は、その後、さらに真価を発揮することになります。

3「子どもたちのだす要求は本当にしっかり受けとめていけばいい」

先に出したあさみちゃんの資料にも書いてあったように、小宮山先生は、どこまでがわがままなのか、このことを許していいのか、ということをその都度迷いながら、そのときそのときの保育に全力であたっていきます。そして、たっぷり受け入れられている子どもたちが見せた姿に感動していくのです。次の資料は、ひばり保育園に異動してきてから六年目の終り近くに小宮山先生がとらえた子どもたちの姿です。

資料Ⅳ―2……………………………………2月3日　小宮山

午睡からなかなかスッキリ早起きできないたくやくんだけれど、最近友だちが「起きなー！」と声をかけ、体を動かしたりすると、保育士が起こすよりスッと目覚めることができるようになってきた。この日もそうだった。かずとやまさみたちに「起きな！」と起こされ、けっこう機嫌よく目を覚ました。一足先にてつじくんが起きて、私と着替え、次にたくやくんも着替えはじめた。

今日のおやつはバナナの部屋で焼いた焼きたてのホットケーキ。テーブル、イスを並べると次々と席についた。たくやくんはおやつは必ず保育士のひざに座って食べている。着替えると当然という感じで抱っこでーと要求。いいよと保育士もテーブルについて抱っこをするとてつじくんがきて「てつじも抱っこで食べる、こみちゃんと食べる」と言ってくる。じゃ二人抱っこにしようか、というと、それはいや、と断る。千賀子先生のひざにする？　中山先生もいいよだって、といろいろ声をかけるが、いいの、いいの、と言い、とてもいい顔で、おやつをとっておいてくれという。

待っててくれるの、と聞いてみると、うん！　そういってすべり台であそびはじめた。たくやくんはそんなてつじくんのことをみながら、おやつを食べはじめた。焼きたてホットケーキをみんなおいしそうにおかわりして食べていた。少したつと、てつじくんもーと言って自分のイスに座って食べはじめた。一人で食べるの？　というと、うん！　てつじくんが食べはじめて少したってたくやくんは食べ終わった。

口をふきながら立ちあがって「てつじいいよ」。おまちどうさまという感じでてつじくんに席をゆずった。

私もてつじくんに「おまちどうさま、あいたよ」と声をかけてみると、いいのいいのとみごとにふられてしまった。

そんな二人の姿から、友だちを信頼できるようになって、相手の気持ちを汲み取れるようになってきたんだなあとすごくうれしかった。てつじくんは、友だちをすぐにかんだり押したりすることが多くて、保育士は抱っこやおんぶもしててつじくんの要求にこたえていくよう努力をしてきた。たくやくんも大人と一対一でいることを求めることが多くて、いつもその思いを受けとめられていた。

そのことで大人を信頼してくれているし、自分らしさをたっぷりだして、要求はだしていいんだと思ってくれている。そこが基盤になって仲間に思いをよせて気持ちがお互いにわかるようになっていくんだなあと実感した。

子どもたちのだす要求は本当にしっかり受けとめていけばいい。

抱っこでおやつを食べたいたくやくんとてつじくん。二人とも小宮山先生のひざを求めているけれど、半分ずつ座るのはいやで、てつじくんは空くのを待つことを自分で選びます。でも、その日のおやつは焼きたてのホットケーキ。食べたくなったてつじくんは、自分でいすに座って食べることにして、たくやくんが終わって、ひざが空いたことを伝えても、いまは椅子に座って食べるのでいい、と思えるようになっている様子がよくわかります。大人が自分を受け入れてくれていると思えることで、ときには待つことを自分で選んだり、友だちに譲れるようになるのだと小宮山先生は実感したのでしょう。

4 よしあきくんの「事件」から反省する

子どもの行動が、困ることだったり、約束からはずれていたりするとき、とくに幼児後期の子どもに対しては、そのことを指摘したくなります。わかっているはずの年齢だし、わかってもらいたいと思うからでしょう。でも、場面によってはその行動であらわしているその子の訴えをとにかくわかっていくことが大事なことがあります。

年長のよしあきくんは、この頃、赤ちゃんが生まれたりしたこともあって、なんだか暗い顔をすることも多く、そして、安心の基地として主任の先生をいつも求めていました。そのことは、職員は知っていましたし、見守ってあげようという気持ちもみんな持っていました。そのなかでの朝の出来事を、小宮山先生は反省を込めて書いています。

資料Ⅳ―3……………………………………………………4月18日　小宮山

私が七時半に出勤すると、よしあきくんも登園。「こみちゃんおはよう！」いい笑顔で朝のあいさつをかわした。なのに、よしあきくんはカバンをしょったまま一直線で職員室へ。ストーブの前に座り込んでいたので、「今は職員室は誰もいないからイチゴの部屋のストーブのところへいこう」と誘うと「やだ！　イチゴにふーちゃんがいるから」「そうか、じゃメロンにしよう、誰もいないよ」。言えば言うほど顔をこわばらせ「やだ！　キライ！」「でもね職員室は誰もいない時は入らないっていう約束なんだよね。誰か先生がきたら入っていいんだから。今は出ていようね」「いかない！　ここにいる」。そういいながらわざと机のひきだしをあけて中身をとりだしたり、机の上のものを落としたり……と行動はマイナスのほうへエスカレートしていくばかり。

そこで「そうか、わかったよ。じゃ少しだけいいことにしよう、少ししたら部屋にきてね」、そういえばよかったとあとでは思ったけれど、その時は「よしあきくん、今はだめなんだよ。むこうの部屋にいこう」とダメおしのようにいってしまい、よしあきくんの気持ちをますますかたくななものにしてしまったようだ。そして登園してきた他の子を受け取りに職員室をでた。

よしあきくんはこわい顔で職員室に残ったまま……少しして電話がなった。急いでいったら職員室の内側から鍵がかけられていた。開けてほしいといってもこわい顔をしてじっと見ているだけで、開けてくれない。「電話にでないと大事なこと聞けないでしょ。開けて！」と言っても「やだ！」そんなよしあきくんの姿に「まったくもうー」みたいな顔になっている自分の姿もみえる。ドアごしに私をみているよしあきくんは私の気持ちを見透かしているようにますます意固地になっている。自分のやっていることがよくないということはちゃんとわかっているよしあきくん。それをスッと軌道修正できないつらさもわかっている。なのに、道理でせまってしまう私。前にも書いたけれど、「わかったよ。本当は誰もいない職員室は子どもだけでいたらいけないけれど、特別に少しだけいていいよ。少ししたら戸をしめて部屋に戻ってくるんだよ」、そういえば、結果は絶対違っていたはずなのに……。

徹底して子どもの側に立つ。言葉ではわかっているつもりなのに、やっぱりできていないこんなことがけっこうある。心が重くなってしまう。子どもの心に寄り添いたいと思っているのに、やり続けていくことは難しい。わかってほしいこと、守ってほしいことを伝えたいけれど、子どもが本当にそうだと思えてできるようになるには、やっぱり自分がいっぱい認められ安心して暮らせるようにならなくては他を素直に受け入れようという気持ちにはなれないだろう。

こちらがいうことが正論であったとしてもその子がそれが正論と思えなければ意味がないこと。そういうことが私だってわかっていてもやり続けられないときがある。落ち込む……でもそこに一緒に保育している仲間がいることが大事だと思う。

もうダメという私がいたときにその場を引き継いでくれる仲間の保育者、信頼できる関係、久々に幼児グループになって幼児を保育して子どもたちから教えてもらった。大人も安心して暮らせる仲間関係がないと徹底して子どもの側に立ち続けるのは難しいと思う。ひばりはそんな安心が大人にもたっぷりとあると思う。

よしあきくんが意地をはって小宮山先生を凝視している姿をガラス戸越しにみて、小宮山先生には、きっとよしあきくんの気持ちが痛いほど伝わってきたのだと思います。そして彼が見つめていた先生自身の必死な表情も思い浮かべ、ますますかたくなになっていく彼に思いを馳せたとき、そんな思いをさせてしまったという反省が心からでてきたのでしょう。

いけないとわかっていての子どものこうした行動に、どうしたらよいか、わかっているつもりなのにできなかった自分を見つめて、子どものために反省している小宮山先生です。

そして、そんなときに落ち込む自分も、それでかたくなになってしまった子どもも、引き継いでフォローしてくれる仲間の存在のありがたさをも同時に味わっているのでした（結局、大好きな先生も出勤してきて声をかけてくれたりで、鍵はよしあきくんが自分で開けたので、ちょっとした大騒ぎにはなったけれど、なんとか無事に解決したのでした）。

5　てつじくんととっくみあいのけんかをする

こんなにいつも子どもの気持ちを大事にしようと保育している小宮山先生が、ある日、てつじくんと大げんかをしました。それは、保育の話し合いの場で、小宮山先生本人が語ってくれた話です。あとになって、自宅で療養していた小宮山先生に、思い出して話してもらったことを含めて筆者は原稿を書きました。とても印象的な話だったからです（小宮山先生にももちろん読んでもらいました）。これを読むと、そのときのけんかのありようがわかるので、ここに紹介します。

資料Ⅳ―4……………………清水玲子著『育つ風景』（かもがわ出版）より抜粋・再構成

「私、てつじくんと大げんかしたの」

小宮山先生が言い出した。会議で、子どもの話がいっぱい出されているときだった。

夕方、おそおそ番（一番遅い当番）の小宮山先生は、暗くなってきたので、庭に散乱する遊具をすべて片づけて、残っている子どもたちとホールに入った。四歳児クラスのてつじくんとこういちろうくんが外へ出ていって、片づけたばかりの三輪車を次々ひっぱりだし、園庭で乗り回していた。

「暗くなってきたから片づけて入っておいでー」と、小宮山先生が二人に声をかけた。気にせず、乗り回す二人にもう一度声をかける。二人は三輪車をそのまま放り出して入って来ようとした。小宮山先生は、出ていって「ちゃんと片づけてくれないと困ります！」と言った。こういちろうくんが何かをキャッチしたようで「おれ、片づけてこよう」と自分のをさっさと片づける。それが余計に気に障ったのか、てつじくんは「やりゃ、いいんだろ！」と三輪車を放り投げた。

「この瞬間、私の中でぷちっとなにか切れたのね」と小宮山先生。すごい剣幕でてつじくんを追いかけ、ホールでつかまえた。てつじくんは、なぐる、けるの大暴れ。「こみやまー、あっちいけー！」とどなりながら、小宮山先生をぎゅっとつかんではなさず、暴れ続ける。驚いたこういちろうくんは、成り行きを見守っていたが、「ぼくが片づけておくよ」とおずおずと申し出て、てつじくんが放り投げた三輪車を片づけに出ていった。てつじくんのお母さんも来たのだが、あまりのすごさに引っ込んでしまい、ホールには二人だけ。

そのうち、先生はなんでこんなことになっちゃったのかな、三輪車片づけないくらいでこんなにてつじくんを怒らなくたってよかったのに……と思ったら、自分がなさけなくなって、涙がポロポロでて、おんおん泣き出してしまった。

てつじくんも大声で泣いている。

「てつじくん、ごめん。なんか、こみちゃんが悪いみたい。こんなに怒ってごめんね」

泣きながらあやまる小宮山先生に、てつじくんはつかんでいた力を抜き、座り込んだ小宮山先生の膝に抱かれて、先生といっしょに泣き続けた。

この話を聞きながらみんな笑った。二人の姿が目に浮かび、本人の解説がなんともほほえましかったせいだろう。

「でもさ、あのときあっちいけって言われて、ほんとうにだれかに助けを求めてバトンタッチしてたら、てつじくんとことんつきあうこと、できなかったと思う。てつじくんが、暴れて悪態つきながらも、私をつかんで放さなかったから、私も逃げられず、てつじくんと向き合えたんだよね。

てつじくんの気持ちとしては、やっぱり、私との関係で解決したかったんだと思うの。次の日、砂場であそんでいたら、なぜか、大人も泣くことあるよね、という話になってね。てつじくんが、こみちゃんも泣いたよね、っていうの。みんなが、えっほんと？　いつ？　どうして？というので、それは秘密。ね、てつじくん、といったら、にやっとしてうなずいていた」

聞いていたみんなはまた笑った。

どこまでも率直な、しかもいっしょうけんめい自分のことを考えてくれる大人とのかかわりのなかで、子どもも安心して、思いっきり自分の思いをぶつけることが可能になるのかもしれない。生身の自分をせいいっぱいぶつけ合って、きっと二人はますます仲良しになったに違いない。

この日は、夕方、とても疲れていたとあとから小宮山先生は言います。そして、やっと片づけたと思ったら、てつじくんたちがまた三輪車を次々出して片づけない……いらいらした気持ちが、てつじくんたちに注意するときの声にも表情にも出ていたのかもしれない、だからよけいにてつじくんもいやな気持ちになって三輪車を放ったりしたのかしらね、と小宮山先生はそのときを思い出しながら言っていました。

取っ組み合っている間、あまりの迫力に、かけつけてきた大人たちも手出しができず、お迎えに来たてつじくんのお母さんも圧倒されて引いてしまうほどだったそうです。

子どもに対して保育者が気持ちに任せて怒ったりすることが、保育としてよいということではないでしょう。でも、本気で四歳児のてつじくんと向き合い、うまく処理するというのとは違う正直なぶつかり合いをとことんやっていったことが、大人も子どももともに暮らす、ということをお互いに実感できることにつながったのではないでしょうか？ 手放しで泣きながらてつじくんにあやまる小宮山先生と、泣きながらもしっかり抱かれているてつじくんの姿から、保育が学ぶものは大きいのではないでしょうか。

6 卒園生に励まされる

ある年の一月の資料に、卒園した子どもたちが、あそびにきたときのことが載っています。学校が休みになった年末から年始にかけて、何人かの卒園生たちがくり返しあそびにきていたようです。大きくなって誰だか一瞬わからなかったりかとあや。「あー、やっとひばりに来れた、ずうっと来たかったんだけど」と先生と抱き合って喜ぶ子どもたち。この姉妹に、お母さんがなかなか帰ってこない晩に小宮山先生はお弁当を届けたことがありました。

そのときの資料の一部を掲載します。

資料Ⅳ―5……………………1月11日　小宮山

最近のぼるくんがあそびにくるようになりました。年末にきたときもぬいものをしながらおしゃべりしました。「ねェ、ぼくが小さい頃ってどんなだった?」「給食ってさ、おいしいよね」「昼寝はよく怒られたぁー」「でも保育園はたのしかったぁ。ぼく保育園は好き」。

やっぱり年末に山口姉妹もたずねてくれました。うさぎの部屋にいる私に「コミちゃーん」と呼びます。誰?　と思うと、りかとあや。あーというなり、抱き合ってとびあがってしまいました。

二人は「あーやっと来れた。ずーっと来たかったんだけどォなかなか来れなくて。今日はお母さんのお姉さんときたんだよォ」。そしておばさんは「へェーここが来たい来たいって大騒ぎしたところなのォ」、驚いたような感心するような……そんな感じでみまわしていました。届いた二人からの手紙にも、保育園はスキ。でも知らない先生ばかりになったらいかれないかなぁ、さみしいなぁ、と書いてありました。ひばりは大丈夫。いつでもおいで。知らない先生たちばかりになっても「私たちひばりっ子です」ってたずねてくれたらみんなよくきたわねェっていってくれるから安心していつでもおいでと返事を書きました。

あゆちゃんも中学生になっても（バザー）あそびにいくから待っててねって書いてありました。在園中は本当にいろいろ次々に出来事があってこれでいいのか、今こんなふうにやってあげているけれど、学校へいったらかえってかわいそうなのではないか、などさまざまな思いにぶつかったりもしたけれど、大きくなった今も思いをよせられる園であることがみえて、何人かの子どもたちかもしれないけれど、安心してフッとかえってこれる保育園がここにあってよかったと思う。

これでもかこれでもかとぶつかってくる子どもにはこれでもかって受けとめ続け、甘えてくる子にはたっぷり愛情をそそぐ。ただ寄り添ってあげる。本当にそんな日々のことがとても大事なんだなあと思った。疲れるとできないこともたくさんあるけれど、できる限り子どもとゆったり過ごしたい。

ひばり保育園で大切に思っていることが、それでも学校に行ったら通用しないのではないか、と心のどこかでは不安がよぎることがあったかもしれません。卒園して、何年もたっても保育園や先生たちをなつかしがってくれる子どもたちがその不安を吹き飛ばしてくれたのでしょう。

7 土曜日のてるおくんとのかかわりから学ぶ

この時期、小宮山先生がかかわりながらとらえた子どもの姿でとても印象的なひとこまがあります。日々、保育のなかで、それぞれの保育者が直面し、それぞれに解決しているようなひとこまですが、実際にはこうしたかかわりに展開していくのは大人にとって難しいのではないかと思われるエピソードです。

資料Ⅳ—6……………………………………2月6日　小宮山

土曜日のお昼、早番の人とタッチして保育にはいった。バナナの部屋に食事の用意もできて、三、四、五歳一緒に好きなテーブルに座って食事がはじまろうとしていた。てるおくんはホールでゴロゴロしていてこない。食べようとよびにいくと、メロンの部屋の横の基地で食べたいという。「エーッでもねェあそこで食事するのはちょっといやだなぁ。みんなもバナナで食べているし、いそいで食べてまたあそこであそべばいいんじゃない」というと、口をとがらせ「いやだ。じゃ食べない！」。ちえみ先生にもメロン室横のテラスと言ったようだが同じように言われたらしい。ホールのストーブ前でねそべって半分怒っている。

今日ははとさんの出席も少なく、いつも一緒にあそんでいるこういちろうくん、てつじくんもいない。でもすぐにじゃあいいよとは言いたくなくて「じゃ少し時間あげるから考えておいて。てるおくんの分はとっておくから」。みんなは食べはじめた。

食べはじめたらくるかなと思って様子をみていたけれど、がんこに「いらない」といってねそべったまま、みんな次々食べ終わりあそびはじめた。てるおくんにもう一度どうするときいたら、やっぱりメロン室の横のテラスがいいという。そこまでねばるならそれなりの思いがあるのかなと思って、「じゃ今日は特別あそこで一人で食べてみる？　本当は部屋で食べてほしいけれど、てるおくんがどうしてもっていうからいいことにしようか」というとニヤリと笑って起きあがる。

自分でゴザを敷くようにいうとサッサと敷いている。テーブル（丸）を運んであげるとうれしそうに座っている。Tシャツ（半袖）にフリースのベストだけのてるおくんは寒かったようで、私がごはんを運んであげたらトレーナーをちゃんと上にきていた。なんだかかわいかった。

一人で食べはじめたら、食べ終わったりゅうくんやりょうへいくんが「あれ、なんでてるおはこんなところで食べてるの？」「ズルイ！」そう言われたらなんとなくバツがわるそうな顔をしたてるおくん。「ズルイって、へんだって」と笑いながらいうとニヤニヤしている。

「やっぱり部屋とかで食べたほうがいい？」といってみるとニヤニヤしながら「まぁね」。食べてみたらチョッピリ肌寒いし、みんなはいないし、みられているし……と思ったみたいだった。私も保育を交代したばかりだったから気持ちに余裕があったし、てるおくんとのやりとりもへんにせまったりもしなかった。

こうしたほうがいいんじゃないという思いも大人側だけの思いであることも多いから、子どもがやってみて納得したほうがスンナリ「あっそうか」につながるんだなぁ、大人側の気持ちの余裕ですごく違いがあるんだなぁ。てつじくんとのやりとりのときは本当に気持ちに余裕が持てなかった。だからああなった。大人もゆったりとした気持ちで保育できるといいんだなぁー、わかっているけれどー。まっ、子どもとのかかわりのなかで学ぶことがいっぱいということかな。

読んでいて、こういうことって結構ある、という思いと、えっ、その要求をのんでしまっていいの？　と思う方も多いかと思います。いろいろ折り合いをつけようと大人が努力してもそのときにすんなりいかないこともある。大人の考えは伝えたけれど動かないてるおくんに、そんなにがんばるなら、ひとつ協力してあげるか、とテーブルなどを運んであげる小宮山先生。けっきょく、やってみたら、てるおくんもちょっと恥ずかしかったり、寒かったりで、ごはんの食べ方として最高、とは自分でも思えなかったけれど、ほら、ごらん、だから言ったでしょ、というまなざしではない小宮山先生とのかかわりのなかで、それを素直にみとめることができたのでしょう。小宮山先生はてつじくんとのけんかのときとの違いを自分でもかみしめています。「まっ、子どもとのかかわりのなかで学ぶことがいっぱいということかな」という最後の行は、小宮山先生の声が聞こえてきそうです。

8「一人で一本飲みたい！」

さらにあと一月ほどたった頃、小宮山先生はまた、保育者として考えるような場面に遭遇します。

資料Ⅳ―7……………………………………………3月16日　小宮山

昨日のことです。鶴田先生が「あのね。てつじくん散歩にいっていっぱいあそんでのどがかわいたから給食室にいってジュースがほしいっていったの。でも野菜ジュースしかなくて、それはイヤだからフルーツ豆乳もらったの。一人一本ずつはなくてね、でもてつじくんは一本一人で飲みたいんだって。それで困ってるみたい……」。そういいながら職員室入口をみた。そこには文句ありの顔のてつじくんが立っていた。「そうかぁ。じゃさぁ、みんなにボクは一本飲みたい！　っていってみたら」と声をかけると「ダメっていうからイヤだ」「そんなことないよ。ちゃんと話して相談すればいいんじゃない」「そうだよねェ、いってみようよ」。私も鶴田先生も一本飲むのはだめとは一言も言わなかったから、てつじくんもバナナの部屋に行く気持ちにはなれたようで「じゃおんぶでいく」。

バナナの部屋ではよしこ先生とすずめさんたちが車座に座って相談しているようだった。みんなはてつじくんが一人で一本飲みたいって言っているのはよくわかっていた。「一本そのまま一人で飲みたい人?」って聞いてみた。そしたらほとんどの子がハーイ! と手をあげた。背中のてつじくんは体をギュッと固くした。みんなも飲みたいんだなぁ。でも自分も一本飲みたいのに……そう思っているように私は思えた。

「一本ずつ飲んだら足りないし……やっぱりみんなでわけっこかなぁー」と言うと「いやだ!」そうか、やっぱりどうしても一本飲みたいんだなぁ、こまったねェー。そんなやりとりをしていたら、まさみちゃんとかずとくんが「いいじゃん、てつじは一本飲めば!」とサラリと言ってくれた。本当に一本飲みたい! と思っているてつじくんの気持ちもわかったようだし、飲みたいけれど一本はいらないかなぁと思う子はいて当然(おやつのとき、一本飲みきれないので残している子だっているし……でもそうは言えなかったけど……)。「あの今まさみちゃんたちなんて言ったの?」「エッ、てつじくん一本飲めばいいって言ったの!」「なんですって。てつじくん聞いた?」背中でニヤッとするてつじくん。そのとき鶴田先生が「あのさ、どうしてものどがかわいて一本飲みたいてつじくんは一本飲んであとは二人で一本飲むっていうのはどう? 二人組でさ、ハイどうぞ。こんどは少しとかいいながら二人でわけっこして……」と提案。そしたらみんな二人で一本をわけっこして好きなように飲むのがすごーくうれしかったようで、「いいよ！　私、きよしと」「私、まさみと」「オレ、かずとがいい」。次々二人組になって楽しそうにすぐに分けあって飲みはじめた。話し合いの席にいない友だちのことも忘れないで、ちゃんと二人組をつくって飲んでいた。

てつじくんは一本もらえてすごーくうれしかったけれど、バナナの部屋で堂々と一本飲むという気持ちにはなれなかったようで（みんなの気持ちがわかってうれしいのと、一人だけちょっと悪いなぁという思いがあるかなと私は思った）、「コミちゃんと職員室で飲む」と耳もとで言った。「そうか、いいよ。じゃ飲んだら部屋に戻ろうね」。そういっておんぶのまま職員室へ。とてもおいしそうに飲んでいた。飲み終わると満足そうに部屋に戻っていった。

大人側からみると、てつじくんだけ一本はずるいとか、思いが自分だけ通って……みたいに思ってしまい、「みんな平等に」みたいに思いがちだけれど、違うんだなぁと思った。この一年、てつじくんとのかかわりをはじめとして、本当にいろいろな場面でいっぱい学んだ。大人側に立ってものごとをみていったりすると、平等とか正論だからと押しつけてしまいたくなるけれど、子どもの側に立って一本一人で飲みたいというてつじくんの思いを受けとめて、それをみんなに伝えることで、他のみんなもてつじくんの気持ちが、そうかぁとわかったり、私だって……という思いがでてきたり、いろいろな自分の気持ちをだしていくことで解決策をみつけていくことが大事。

そうすることって大人もエネルギーを使うし、時間もかかって大変だけれど、一人の思いがみんなの思いになったり、一人の思いをみんなでわかってあげられたり……そうしたなかで本当の結論が見えてくるんだなあと思った。てつじくんだって堂々と飲めなかったのは、やっぱり少しはみんなにちょっと悪いかなーという思いもあったと思うし……。大人側に立つと思いはわかった、でも……みたいに話し合いという名のもとの押しつけみたいなことって多いような気がする。時間はかかるけれど、一つのことをていねいに大切につきあう。すぐに結果はでなくても、あのときのあのこと……と場面の中で結びついていく。それを積み重ねていけば、子どもの側に立つという立ち方でやがて実を結んでいくということが少しわかってきた。子どもの側に立つということが、言葉だけでなくわかったような気がする一年だった。

一本まるごと飲みたいと主張したてつじくんは決してわがままではなく、本当のてつじくんの気持ちなわけで、その気持ちから出発してみることが重要。大人の気持ちで受けとめてしまうのではなく、まわりの子どもたちに伝えて、どう折り合いをつけたらいいのか、子どもと一緒に学んでいけるんだなあと思う。保育っておもしろい！　本当にそう思えた一年だった。

このエピソードも、四歳児クラスの子どもたちのなかで、一人で一本飲みたいとがんばり続けたてつじくんに一本あげることに躊躇する保育者は実際には多いのではないでしょうか。

でも、よく読めばわかるように、主張することがいけないのではないというところに大人がしっかり立ったうえで、みんなでどうしようか、考えていっているのです。そして、その過程を子どもたちみんながくぐって、今回は、てつじくんが一本一人で飲んで、他の友だちは二人組でさしつさされつつを楽しんだ、ということになったのでした。小宮山先生が書いているように、保育っておもしろい、と感じさせるひとこまでした。

9 ひばりに来てから九年たったいまの思い

小宮山先生が異動してきて九年が過ぎるこの年の三月、小宮山先生は、九年目を終えるにあたって、実感している保育への熱い思いを書いています。「徹底して子どもの側に立つ」ことへの実感と、仲間を信頼して保育をしていくことの大切さへの強い思いです。

資料Ⅳ―8……………………………3月6日　小宮山

ひばりにきて九年。私にとっては本当に意味のある時間だったと思います。それまでも自分なりに一生懸命に保育してきたつもりだったけれど、「徹底して子どもの側に立つ」、そんな保育はやっぱりできてなかった。この九年間で「徹底して子どもの側に立つ」、それを実感させてもらったなぁと思う。いつも今目の前にいる子どもの姿から出発してどんな保育が必要なのか、どうすればよりよい保育ができていくのか、今やっていることはどう子どもたちとつながっていくのか、そのことを考えながら保育するということを実践のなかで実感できました。

大事なこととわかっていても、あーまたやっちゃった！　また失敗した！　なんてことは次々に山ほどあるけれど、そのことを素直に言えたり気づいたりできる場所や雰囲気がひばりにはある。目の前にいる子どもたちや父母たちが次々とだしてくる姿にも一喜一憂するのではなくて（私はすぐにもう！　とか、まったくー！　と思ってしまうタイプなのだ）、そうなんだぁとまず受けとめて、だから今なにが大事か、なにができるか、なにをしたらいいのか、考えていくという姿勢を森田先生や諸先輩たちから学ばせてもらったように思う。

土曜日に高井さんが文集のことできました。そのとき話したことです。

「ボクは（父母会）会長をやっているとき、先生たちに本当に失礼なこといっぱいしたし言ったと思うよ。だってさ、先生たちのこと考えないでまず会長として要求したよ。こんなこと言ったら先生たち忙しくなるだろうとか、いやな思いするだろうなんて思ったら言えなくなっちゃうよ。だからそういうことは考えないで、こうしてほしい、ああしてほしい、なんでもいったよ。

そこからはじめて同じことで話し合いができる。先生たちはどう思うのか、父母の気持ちはどうなるのか、いっぱい話すと、やっぱりこれってなったらそれを実現実行するために必要なことを要求にしていくんだよ。人的要求なのか、物の要求なのか……だから遠慮とか相手を思いやるなんてきれいなことじゃないんだよ。そんなふうに言ってたらものごとは深まらないし、進まないよなぁー」。私はなるほどなときいてました。さらに「若い先生たちもさ、もっともっと思うこと父母に言っていいんだよ。若いから……結婚してないから……子どもがいないから……そんな感じってあるでしょ。でもだからこそ言えること、言っていいことがあるんだよ。言うことでわかり合えることのほうが大きいからやっぱりいったほうがいいよ」。

私にストンとおちる話でした。保育もまさにこれ！　と思いました。私が思っていることを言うこと、そこから出発。保育をより豊かにしていくためには、みんなで意見を出し合うこと。保育をどうしていくかみえてくる。もっとこうしよう、こうしたら……ということがよくわかる。そして実践してみる。実践したらまた話す。話をすることで保育がより豊かになっていくと思う。土台を大切にして新しい子どもたちと出会って、子どもたちや父母たちが出してくる姿に向き合ってみんなで考え合って保育をみつけだせばいい。これからも仲間を信頼して、自分の思いを出して、実践をつみかさねていけるといいなと思う今日このごろです。

そして、話して実践して、また話して、をくり返すことの大切さと、そのことを大事にしていけば、つまり、子どもたち、父母たちが出してくる姿に向き合って、みんなで考え合っていけば保育はみつけだしていけるんだという確信が小宮山先生のなかにしっかりと根づいていることがわかります。

10 みんなで考え合って力を合わせて保育がしたい

この九年でつかんだ確信を支えにして、小宮山先生は病気と戦いながら、保育をしていきます。この年、ひばり保育園では、中堅の先生たちの異動や退職、病気でお休みする保育者が何人かでるなど、職場としてはとても厳しい状況に立たされることになりました。そうした苦しいなかで、いままでのように子どもたちや保育者の思いがわかり合えているのかを心配して、小宮山先生は必死にみんなに呼びかけます。

資料Ⅳ—9……………………………………9月10日　小宮山

〈もっともっと話をするぞ！〉

父母とゆっくり話すってことが少なくなったなあと思う（私）。話せばわかることがいっぱいあるのに、何かないと話さない（日常的会話はあっても）。もっと子どものこと、子育ての悩み、自分のことを話す場を工夫したい。そのためには、森田先生の言っていた、土曜日の保育のときの工夫、平日五時から六時半までの使い方、みんなで考えると、いい考えを思いつくかも。クラスをこえた父母とも話してみたい。職員同士も同じだ！

言いたいこと言えてる？　みんなに言えなくても○○さんになら本音が言える。やっぱりそれは大事なことだと思う。一人の思いがみんなに届いてわかり合って支え合いたい。がまんしないで発言しよう。会議が資料なし、そのかわり自分の思っていることは一回は発言する。テーマなんかなくても、今思いついたこと、思うことなんでもしゃべる。結論なんかでなくても、しゃべりっぱなしになっても誰がなにを思っているのか少しわかる、そんな時間も大事だなぁと思う。そんなへんな会議があってもいいと思うけど……。

苦しいときこそみんなで保育の話をたくさんして、そうだ、と思える保育をしていかなくては！　と、自分の実感から小宮山先生は強く思っていたのでしょう。この姿勢は、その年度の三月末にも資料となってあらわれています。

資料Ⅳ―10……………………3月25日　小宮山

新しい年がはじまったと気持ちをあらたにしたけれど、あっというまに三月。はとぐみの一年が終わろうとしています。子どもの卒園式、はとと大人の卒園式、本当にすてきでした。子どもたち一人ひとりがいい緊張感をもって前をみて進んでいたように思います。

やっぱり時間をかけて子どもをわかろうとして一生懸命に保育をする大事さが子どもたちの姿にあらわれていたように思います。

今年卒園した子どもたちについては、二歳児のときも子どものことがたくさん話されているし、おたよりにも安井先生が書いていました。それを読むだけでも大人が子どもの心を受けとめてみんなで今、その子に向かうために大事なことをわかっている、そんな文章で改めて感動しました。

今、一人ひとりの子どもの姿をとらえてみんなのものになっているのかなぁ？　日々の保育はたしかに進んでいるけれど、一人ひとりの子どもをより深く理解して、こうしたら、ああしたら、という話し合いができているのか？　たしかに目の前にやることはあるけれど、行事ありき！　にならないようにしたいなと私は思っています。一人の子どものことを追求していくことで、その子に対する保育がみえてきて、そのことは決してその子一人だけのことにはならないと思う。

私はV期までの一年をふり返ってみて、本当に子どもの姿を資料として書けてないなと反省している。以前は一人の子をめぐっての保育のことなど書いて（少ないけど）いたのに……なんで書けないのか……より深くその子を知ろうとしているのか。V期からI期に向けては、子どもをよくつかんで、自分なりの資料を書きたいと思っています。

もっとみんなで子どものことを話し合って、一つのことを深めて保育して、その成果はどうだったのか、くり返し話していける一年にしたい。一人ひとりが抱えている保育の悩みをお互いに心底わかり合って手だてにしていけるといいなと思う。納得できないことはやっぱり納得できないと主張することも大事。子どもと同じ思いで大人だってつねに前向きでありたいと思っていると思います。

でも困難にぶつかると、その気持ちもなくなったり……それでも仲間がいるじゃないとまわりの人に気持ちをぶつけて一緒にいい一年だったと言いたいから、どの子のことも語れるようになりたいし、わかり合いたい。だから、いまから、ていねいに子どものことを話そう。保育のこと相談していこうと思うのです。あまりいままでやってきたことにこだわるのではなく、いまの子どもたちの姿からやりたいこと、やれることが組み立てられるように、力を合わせていけたらなあと思っています。

〈私事〉この一年間、なんとか働いてこれました。ひばりにいて保育できたからと感謝しています。私も支えてもらうばかりではなく、少しでも支えるほうにもまわりたいと思っています。まだ、これからずーっと爆弾をかかえての保育ですが、甘えるところは甘えさせてもらい、がんばります。

子どもをもっと理解し、保育がみえてくるためには、思っていること、悩んでいることを本音で出し合い、とことん話し合っていきたい、という切実な願いが、くり返し、小宮山先生にそうしたメッセージの資料を書かせたのだと思います。

自分が保育者として味わえた幸せ、保育の喜びを、どの保育者にも味わってほしい、そして、それは子どもの姿と向き合い、保育者同士があぁでもない、こうでもないと頭を寄せ合って一人ひとりの子どものために知恵のすべてをしぼり、思いを注ぎ込むことでつかめてくるものなのだということをみんなにわかってもらいたかったのでしょう。

それは、小宮山さん自身のためというより、壁につきあたっている保育者一人ひとりのためにわかってほしかったのだと思うのです。こんなよい仕事をできた自分、それはどの保育者にも味わってほしい、そのことが、けっきょく子どもを、そして親を大切にしていくことにつながるということを彼女は確信していたのでしょう。いまでも生きているこのメッセージに、私たちはもう一度、しっかりと耳を傾ける必要があると思います。

徹底して子どもの側に立つ保育

V

「子どもの側に立つことを徹底する」を深める

1 「子どもをわかろうとすることに徹する」とはどういうことか
——観察者としてではなく、かかわるなかでわかろうとする実践者としての子ども理解

① 子どもをわかろうとして保育することで、保育者は子どもの姿も保育もまた新たに見いだす

ひばり保育園の実践では、随所に子どもをわかろうとしてていねいに子どもとかかわる保育者の姿が出てきます。また、保育資料のなかに書かれた子どもの姿の記述そのものがわかろうとしてかかわったことではじめて見えてきた姿であったりします。

それは、たとえば、朝、ゴミ箱を蹴飛ばしている二歳児ののりかずくんに気づいた担任の千賀子先生が、先生に自分が登園したことを知らせたくてそうしているのではないかと考え、「のりかずくん、おはよう！」と明るく声をかけると、のりかずくんがにこーっと笑って「ばーか！」と言って走っていく、といった記述です。はじめは、のりかずくんの気持ちは本当にはわからないのですが、ストレートに気持ちを出してこないのりかずくんのことを気にしていた千賀子先生は、自分へ

の合図かもしれないと考えて、わかってるよ、今日も一緒にあそぼう、という気持ちを込めて「おはよう！」と声をかけてみたところ、笑顔になったのりかずくんが走っていく姿を結果的に引きだしました。それを見てのりかずくんの気持ちが理解できた手応えを感じる、そして、それが自分の保育の確信になっていく、というプロセスをたどって子どもの理解が深まっていくのです。

また、それは安井先生が園だよりに書いているすすむくんの例などにも見られます（資料Ⅱ―19参照）。二歳児クラスではよく見られることだと思いますが、午睡の支度をするのをいやがって、まだあそびたいというすすむくんに、いいよ、少ししたら迎えにいくから、もう少しあそんでおいで、という対応をしたところ、しばらくして自分から戻って先生の足に飛びついてきた、という記述です。自分で戻ってきたの？　と言う先生に、満足そうにうなずくすすむくんの姿から、安井先生は、その場で力ずくでするより、自分で決めることを大事にすることが、どれほど子どもの気持ちを育てることにつながるかを実感しています。

さらに、りょういちくん（Ⅰ章）やひできくん（Ⅱ章）、まさきくん（Ⅲ章）たちの、なんでもわかっているようだけれど、自分が受け入れられているかどうかに敏感で、不安な姿についても、それぞれにていねいにかかわりながら、子どもの気持ちを発見し、そのことによってより気持ちをわかったかかわりができるようになっています。これは、さらに新しい子どもの姿を見いだすことにつながっているのです。

② 子どもがわからなくて悩むときの悩み方

しかし、そうした理解が自然に、スムーズに得られているわけではもちろんありません。保育者一人ひとりがさまざまな場面でなかなか子どもの気持ちがわからないと悩み、揺れながら、わかろうと格闘しています。頭ではわかっているつもりでも、ついいけないことを注意したり、ルールをその場でわからせようとしたりしていることもたくさんあります。

たとえば田中先生の資料（資料Ⅱ―7参照）には、二歳児クラスのひできくんが友だちのいやがることをしたりすると、どうしても注意せざるをえない。そうすると、ひできくんにとってはしょっちゅう注意ばかりされることになって、しまいには、給食のとき、田中先生が、みかん好き？と聞こうとしてただ話しかけただけなのに「バカ！　あっちいけ！」という反応になってしまったことも書かれていました。

同じ時期、二歳児クラスのさとるくんについては、担任三人ともがさとるくんをどう理解してよいかわからず、悩んではくり返し話し合い、なんども討議の資料にさとるくんの姿を克明に書いて、園の他のクラスの先生たちに問いかけています。

たとえば食べながら歩いてあそびはじめるさとるくんにいくら言い聞かせても「わかった」といったそばからまた食べ歩くのに困って、おサルさんがいるから動物園に電話をかけて迎えに来てもらう、とおどかしてしまったり（結局、効果はなかったのですが）といったことです（資料Ⅱ―11参照）。

また、まもるくんについても、おやつのときまもるくんの隣に座ろうとしたまゆちゃんを、だめなの！　と突き放してしまった場面で、まもるくんの行動から、自分たちが全員まゆちゃんの「味方」になっていて、まもるくんの気持ちを思う保育者がいなくなっていたことに気づいたりしています（資料Ⅱ―9参照）。反省も多いのですが、その反省も含めて、子どものせいにも家庭のせいにも、他の保育者のせいにもしないでまっすぐ三人で悩み続け、もっとわかろうと突き進んでいくことが、子ども理解を深めていくことにつながっているのがわかります。

③　わかろうとしてかかわっても子どもがかかわらないように見えるとき

いま述べたさとるくんとのかかわりでも、いくらていねいにかかわっているつもりでも、わかった！　とうなずいたすぐ後で、またくり返すさとるくんのことがわからなくなって、困ってしまうこともたくさんありました。

努力してもなかなかかかわらないと思える子どもがクラスにいるとき、あの子がお休みだと正直ほっとする、と保育者が思ってしまうという話をあちこちで聞きます。そして、保育者は、そう思った自分を許せないと感じてまた落ち込み、でも、気を取り直してわかろうと努力するけれどもなかなか子どもを理解できないし、子どもの姿はかわらない……このくり返しで自信をなくしていくことを、保育者なら誰でも一度は経験しているでしょう。

たとえば、一人の保育者にこだわって、その保育者がいるときは、他の子にとられまいとしてあそぶこともできなくなってしまう二歳児がいたとき、その子の今の気持ちを汲んで、抱っこやおんぶをしたり、寝るときについていてあげたりしようと思っていても、これでいいのだろうか、自分がいなければしゃきっとしてよくあそぶし、おんぶや抱っこを要求しないのに、自分がいることでこの子はかえって気持ちが乱されてしまっているのではないか、と迷うケースは多くあります。

すぐ抱っこを要求してくる子どもがいたとき、たっぷり抱っこすれば、自分から抱っこを降りてあそびにでていくようになるよね、と保育者同士で言い合いながら抱っこをしていても、少しも降りてあそぼうとする気持ちが見えないと、だんだんこれでよいのだろうか、と不安になってくるのです。そして、他の担任の先生が、いいよ、たっぷり抱っこしてあげて、とか、一番に行って寝かせてあげて、あとのことは私たちでするから、と言ってくれればくれるほど、なんだか息苦しくなって、その子と一対一でいるのがつらくなってしまったりすることもあります。そうなると、とにかく今は抱っこ、とわかっていても、心からゆったりとその子のことが受け入れられなくなり、そんな気持ちになる自分がいやになったりして、子どもと同じようになんだかぐちゃぐちゃしてしまったりするのです。

また、他の子だって、抱っこやトントンをして（寝るとき、やさしくたたいて寝かせること）もらいたい、いつまでも一人の子の要求だけにこたえることなんてできないという意見が園の職員の間から出てきて、子どものそうした要求にこたえることがかえってよくないように思われる雰囲気が出てくることも多いのではないかと思います。

他の職員に、それでも必要だと思うからもう少しがんばってみて、と言われても、前述したように取り残された気持ちがして落ち着かないのに、そのかかわりがよくないのでは、という雰囲気のなかではますます、自分が子どもの要求にこたえていくことを続けてよいのか、やめたほうがよいのか、自信がなくなっていくのも無理のないことかもしれません。そして、その迷った気持ちを敏感に察知して、子どもは、さらにこだわり、大好きなその保育者を求めてぐちゃぐちゃするということになってしまうのではないでしょうか。

ここで、子どもの要求をどこまで受け入れればよいのか、なんでも受け入れるということでよいのか、という問いかけがまわりからも自分のなかからも起こってくると思われます。

ひばり保育園でも、こうした悩みがクローズアップされたことが何度かありました。その先生だとぐずぐずしてしまう二歳児とどうかかわったらよいか、会議で何度も子どもの姿をだしながら話し合いましたが、いくら、たっぷり抱っこしてあげようね、と確かめても子どもの姿がかわらないのです。担任の先生は、正直言って、朝、その子と出会うのがつらいなあ、と思ってしまうほどでした。

何度目かの話し合いのとき、担任の先生が抱っこするのはどんな状態のときなのか？　という話になりました。そして、その子がよくあそべているときは、せめてそんなときぐらいは、という感じでその先生はその子と離れて別のことをしていて、その子が泣いたり、機嫌が悪くなったりしてその先生を求めてきたときに、抱っこしている様子がわかってきました。

その話し合いのなかで、その子がよい気持ちであそぼうとしているときに、こちらからかかわっていって、積極的に楽しくあそんでみるのはどうかしら、という提案がだされたのです。一番好きな大人との一対一の関係のなかで、お互いにもっと楽しさをたっぷり味わうようにできないか、と考えたのでした。

担任の先生は、さっそく次の日、これを試してみました。そして、何日か経つうちに、ほんとうにその子が落ち着いて楽しくあそべ、その先生といるときにぐずぐずする場面が少なくなったのです。その担任の先生は、次の会議のとき、「目からうろこ、というのはこういうことなんだと思った」と発言しています。

そして、同じクラスの他の子でも同じように試してみたそうなのですが、そちらの子はそうすぐにすっきりとならなかったようで、子どもによって違うのかな、とも話していました。手だては、貴重な経験になるけれど、そこだけを技法として使える、と思ってしまうとそれは違うということでしょうか。やはり、その子どものことをていねいにわかろうとかかわりながら手だてを見いだしていくことが必要なのだと思います。

④ 「荒れる」子・「切れる」子という言い方について

ひばり保育園で子どもの姿を語るときに、「荒れる」とか「切れる」とかいう言葉を使っているのを筆者は聞いたことがありません。現象だけみれば、たしかに荒々しく行動する子も何人もいますし、そうした姿についての悩みもたくさんあります。でも、荒々しくはなっていないけれど、自分の気持ちをあらわせずにいる子も含めて、どういうあらわし方をしていても、自分のことが認められていると思えずに安心できない気持ちでいる子のことは、同じように保育者にとっては心配なのです。その行為をせざるをえないその子の気持ちをわかろうとして保育をするときには、現象として子どものあらわす姿そのもので子どもを分類しているように思える「荒れる」「切れる」というとらえ方は出てこないのではないかと思います。

若いかおり先生にこのことを聞いてみたことがあるのですが、子どもは本当にわかってもらえたと思ったらおだやかになれる、だから、その子がどんな子であろうと、大人が本気でかかわることが重要で、「荒れる」とか「切れる」とかいう言い方は、大人がそういうふうにかかわれていないのをその子のせいにしているみたいでいやな気がするという意味のことを話してくれました。筆者はなるほどなあと感心してしまいました。実践者としての子ども理解について、学んだ発言でした。

2 「子どもの側に立つことを徹底すること」と「どこまで子どもの要求を受けとめていいのか？」という問いかけの違いを考える

子どもを徹底して受けとめるというと、どこまで受けとめるかが問題だという話になります。また、子どものいいなりになるのか、それはかえって子どもにとってよくないから、子どもの側に立つと言いながら実際にはそうではないのではないか、と考える方も多いかと思います。このことについて、考えてみたいと思います。

① 「どこまで子どもの要求を受けとめていいのか」という問いについて

――「一口だけでいいから食べてみない？」を吟味することで考える

＊「一口だけ食べてみない？」はちょうどよい働きかけか

保育園の食事のとき、どのクラスにもよく食べる子もいれば、食べるのが苦手というか、なかなか積極的に食事に向かわないで、大人をてこずらせる子もいます。

子どもが「食べない」とか「いや！」とか言ったとき、無理矢理に食べさせるのはよくないとは多くの人が思うことでしょう。かといって、「そう」とあっさり認めて食べないままにするのもよくないと、これもまた多くの人の思うところだと思います。そして、その中間にあるのが「一口だけ食べてみよう」という働きかけだと考えて、それを実行する人が多いのではないでしょうか。

以前は筆者も、それがよいと思っていました。一口でも食べたら、もしかしたら食べず嫌いの食べ物がおいしいとわかるチャンスにもなるかもしれないし、好きなものだけ食べていればいいと子どもに思わせてはいけないような気がしたからです。

ところが、その「一口だけ食べてみよう」をなるべく言わないようにしている、というひばり保育園の実践に出会ったのです。それは、「食べない」「いらない」という子を、そのまま「じゃ、食べなくてもいいよ」とすぐに認めることとも違っていました。筆者はその実践を通じて、次のようなことを学びました。

＊子どもの言いたいこと、気持ちを徹底してわかろうとすること

その一つは、「食べない」「いや」と言っている子が、なにを言いたいのかをていねいにわかろうとすることがまず大切だということです。たとえば、ごはんの前に友だちとけんかをして、そのことが納得のいく解決になっていなくて食べる気分になれないということもあるかもしれません。また、隣に座ろうと思っていた友だちが、他の子の隣に行ってしまっておもしろくないのかもしれません。また、大好きな先生にそばにいてほしくて「食べない」と言うことでその気持ちを発信しているのかもしれません。

さらに、体調が悪いこともあるかもしれないし、ほんとうに今日のおかずが嫌いなのかもしれません。こんなに並べ立てたのは、それをキャッチして、そのことに対応しなければ、子どもは気持ちよく暮らせないと思うからです。

そして、たとえば友だちとのことで気持ちがおだやかでなくなっている子どもに、そのことを理解せずに「食べたくなくても、一口だけでいいから食べてみよう」と働きかけることは、子どもと大人の関係が、まったくすれ違っている状態と考えられます。子どもは大人に理解されないまま、一口食べることをせまられるということになってしまいます。そのとき、友だちとのことについてその子が納得できないでいることがどんなことなのかをきちんと聞いてみれば、それにかみ合ったかかわり方がでてきたのではないかと思うのです。そして、そのことをわかってもらえることによって、子どもは食事に気持ちを向けることができるかもしれません。

そうした意味では、この「一口食べてみよう」という言葉は、それを言うことで食事指導をしたような気持ちになりやすく、本気で子どもの気持ちをわかろうとしなくなりがちだという危険性を持っているとも言えるのではないでしょうか。

この本のなかにも、となりの子がいやだけれど、それをさとられたくなくて、「おなか痛くなった」といって外へ出ていってしまった子どもに、さりげなく別の場所を用意したら、たくさん食べた事例が出ています（十六ページ参照）。

　また、ほんとうにその日の料理が嫌いな場合は、その食べ物のなにがいやなのか（できればどうして）、を知ることが必要です。だいぶ前にでた本（『食事で気になる子の指導』ひとなる書房）ですが、おつゆに入っているしいたけが嫌いな子どもの声が出ていて、感心したことがあります。それは、おつゆのなかで薄く切ったしいたけがゆれると、しいたけのひだが動いて、げじげじみたいに見えるというものでした（それ以来、筆者はおつゆのなかにしいたけをみつけるたびにこのことを思いだし、そのたびにそうだよなあと思ってしまいます）。

　もし、なんでもおいしく食べられるように育てたいと願って食事指導をするならば、子どもがそう感じて、おつゆのしいたけが食べられないということをわかったうえで、では、違う方法で調理したしいたけなら食べられるのか、ひだがみえないようにすれば大丈夫なのかをちゃんと確かめていくことが必要だと思うのです。仮に、おつゆのなかのしいたけがげじげじに見えるという感覚をわからない大人が、「そんなこと言ってないで食べなさい」と言うとしたら、それは子どもの気持ちを無視することになりはしないでしょうか。

　つい先日会った中学三年生が、自分の保育園の思い出として、やはりしいたけが嫌いで（彼の場合はにおいがいやだったそうですが）、内緒で床に落とし、足で散らかして、だれが落としたかわからないようにしていたことを話してくれました。「本当に先生たちはわからなかったの？」と聞いたら、やはりほどなく発覚して、しいたけを食べるまでごはんを終わりにしてはいけないと言われ、一人座っていたそうです。

　みんなはパジャマに着替えてあそんでいて、先生がテーブルをたたみ、椅子を片づけ、掃除をしてござを敷いて布団を並べていくのを見ながらただただ座り続けていたといいます。そして、しまいに、「じゃ、この小さいの、一つだけ食べたら終わりにしていいから」と言われ、ウッとなりながらもそれを口に入れて、でも飲み込めないまま口の中にためていて、ごみ箱やトイレにぺっと捨てたりしていたのだそうです。「それが、しいたけって、保育園の給食によくでるんだよね。おかずのどこかに混じってることが多くて、じつに閉口した」。今でもしいたけのあのにおいはやっぱり嫌いと言っていました。

　ここでも、この顚末を収拾するために「一つだけ」「一口だけ」が使われていました。そして、子どもは、この事態から逃れるにはとにかく口に入れることしかないと学んでいったのです。この中学生は十年たったいまも、あれはいやだったとよく覚えているのでした。

　もちろん、当時の保育がひどかったわけではありません。好き嫌いをなくし、なんでもよく食べて丈夫に育ってほしいと願って、多くの保育者がこうした食事指導を行なっていたと思います。ただ、なぜ、食べたくないのか、なにがひっかかっているのかを本当に見つけ出そうとする姿勢が足りなかったのではないかと思うのです。

　サラダを食べない子のなかには野菜が嫌いな子ばかりでなく、あえてあるマヨネーズがいやな子もいるし、ソースを嫌う子はそれがかかっているだけで揚げ物を食べたくないと言うかもしれません。白いご飯がいいという子もいれば、ふりかけのようなものがないと白いご飯を食べたくない子もいます。それに対して大人がどうするかは、その子どもの思いをわかったうえで考えることだと思うのです。

＊子どもの気持ちにこたえるかかわり方を模索すること

もう一つは、子どもの気持ちがわかったとき、そしてそれが、本当にその食べ物が嫌いだった場合、以前の筆者が思っていたように、一口だけでいいから嫌いと思っているものでも食べてみることが、その子の好き嫌いをなくし、健康や成長にとってよい食生活を保障していく道なのかということです。

もちろん、栄養もあり、身体にもよい料理をおいしいと感じて食べられるのはよいことです。でも、たいていの人は、一つや二つは苦手な食べ物があるのではないでしょうか。それも、あまり好きではないという程度のものもあるし、見るのも、においをかぐのもいやで、まして口に入れるなんて耐えられないというほど嫌いな場合もあるでしょう。

その食材が好きな人には嫌いな人の気持ちはわからないし、その逆もやっぱりわからないのです。好きな人は一口ぐらい我慢して食べてごらん、と思うかもしれませんが、嫌いな人にはその一口が辛いのです。まずは嫌いという子どもに、自分がそんなにいやだと思っているものを、おいしい、大好きといって食べる友だちや大人もいることを知らせていくことでよいのではないでしょうか。

先ほどの中学生のように、嫌いなしいたけがあちこちに小さくして入れてあると、安心してそのおかずに手がつけられないということがあります。よく、嫌いなものはわからないようにみじん切りにしたり、すりおろしたりするという話もありますが、においが嫌いな人は、そうすることによって、それが入っているおかず全部が食べられなくなってしまうのです。

ひばり保育園では、こうしたことを子どもから学びながら、嫌いなものだけをわけて取り出し、あとは安心して食べられるためには、隠すのではなく、大きめに切って入れる等の工夫をしたり、混ぜてあると食べられない子には何も混ぜてない白いうどんや、カレーの時でも白いご飯をカレーと別々に出す、また、サラダにかけるドレッシングやマヨネーズを別にしてテーブルに出すなどの工夫を次々に実践してきました。

これらの工夫は、一見、子どもの言うままになっているように受け取られるかもしれませんが、子どものその時の現実から出発して、子どもが一歩前向きにすすむ道を子どもといっしょになって探し当て、一つひとつ実現していくというていねいなかかわり方を示しています。

さらに、庭に炭火を起こして網でさんまを焼いたり、大きな魚を丸ごと焼いたりして、焼けるいいにおいに誘われて食べたくなる子どもたちが多くなるような工夫をしたり、選べる食事を行事に取り入れて、たとえば年長さんがラップを使って大人と一緒におにぎりを握るとき、なかに入れるものを選んだり、小さい子たちが注文して年長の子どもににぎってもらったり、ラーメンのトッピングが選べたり……と積極的な工夫も挙げればきりがないほどです。筆者が学生数人をつれて見学に行った後、学生が、「自分の子どもの頃や、実習に行った保育園は、食べたくない子が最後まで座っていたけれど、ひばり保育園は、もっと食べたい子が最後まで座って食べているのでびっくりしました」と感想を述べていました。

基本的で安全な、健康にもよくておいしい食事を作り、提供しながらも、食べることへの興味と楽しみを、長い目で忍耐強く育てていくことが要求されているのです。

これらの工夫を実際にやっているひばり保育園の実践から、提供する側がその内容を動かさずに、子どもにのみ譲歩（?）を求めるのでなく、子どもの思いを聞きながら、それにこたえて、どの子もおいしく食事のできる方法を探し続ける保育が必要であることを学びました。食事はがんばって食べるものではなくて楽しみながら食べるものだと、反省も多少こめて言われるようになってだいぶ経ちますが、がんばるのは子どもではなくて提供する側の大人なのだと改めて思います。

この、「一口だけ食べてみない?」という言葉に対して、子どもをわかるための努力をそこでストップさせてしまうかもしれないかかわり方としてこだわる姿勢は、ただ、子どものいうなりになる、というかかわり方とは明らかに異なっています。子どもの言うなりになるというのは、子どもが「食べない」と言ったとき、その子の思いをわかろうとする努力をしないで、「そう、じゃ、食べなくてもいい」とかかわりを切ってしまうことです。それでは子どもは、自分をわかってもらえたという気持ちにはなれないでしょうし、そこで、子どもなりに精一杯かもしれないサインをくみ取ってもらえず、食べるか食べないかだけをせまられることになってしまうのです。

もちろん具体的には、状況によって、あっさり引っ込めたほうがよい場面もあるかもしれませんが、それは、その子ども理解も含めた状況判断があってはじめてできることでしょう。

こうした子どもの見方は、ほんとうは「いや」でも、そのことが言えずに無理に大人の言うとおりに行動しようとしている子どもについても、見逃さずにキャッチすることにもつながっています。

ひばり保育園でも、ずいぶん昔、嫌いなものをがんばって食べた五歳児の子をほめたところ、次第にその子は給食の時間が近くなると元気を失うようになってきて、ほめられることで嫌いでも食べなければならないと思ってしまったことがその子にとって負担になっていたことがありました。はじめは、なぜ、その子が日中元気がなくて、おやつが終わると元気になるのかわからず、みんなで悩み、考えながら保育をするなかで、このことがわかってきたのです。そして、その子から学んだことが、ひばり保育園の食に対する姿勢に生かされるというふうに、一つひとつの事例で学びながら、食事を含めた暮らし方をつくってきたのでした。

子どもが、自分の気持ちを率直にだしたとき、そのことが大人にとってそのままでよいとは思えず、改善していきたい内容であったらなおのこと、毎日の暮らしのなかで、ていねいにきめ細かく、そのことを子どもたちと考え合い、その都度やりとりしていく粘り強さが大人に求められているのではないでしょうか。

このようなかかわりは、子どもの要求をどこまで認めるのか、という問いかけ自体を問い直し、

「どこまで」という程度を考えるのではなく、徹底してその要求をわかり、それにどのようにこたえていくのか、という大人の姿勢を問い続けることではないかと思うのです。

②「何の理由もないのに」友だちをたたいたりかみついたりする子をどうみるか

保育していて友だちとのトラブルが多かったり、荒々しい態度をとったりする子どものことでの悩みはどこの保育園でも抱えていると思いますが、その子について語り合うときによくでてくるのがこの「何の理由もないのに」という言葉です。

たとえば、朝、おはよう、と部屋に入ってきていきなりそこにいた友だちや小さい子をたたいたりする場合、はたから見れば「何の理由もない」と見えますし、いきなりたたかれた子からみても、たしかに「何の理由もないのに」というのが当たっているでしょう。

でも、それは、その子のそうしてしまう理由が私たちにわからないのであって、「理由もなく」たたいたりする乱暴な子と決めてしまうのはまちがっているのではないかと思います。

そうしたとき、私たちは子どもに、どうしたのかと聞きますが、幼い場合は、自分の思いが自分でも整理できていなかったりしますし、幼児後期になってくると、自分でもいけないとわかっているので叱られる、と思ってますます荒々しくなったり、固まったりして、なかなか思いを伝えてはくれません。

「何の理由もなく」たたいたと私たちが思っていると、「なぜそんなことをするの！　お友だちが痛いと泣いているよ」と、たたいてはいけないことをどうしてもわからせるような話し方になるでしょう。子どもによっては、それだけで、もう自分は悪いことをしたから、自分の気持ちは先生はわかってくれないと思ってしまいます。ほんとうにあなたの気持ちが知りたい、あなたがいやな気持ちでいるわけを知って、それを解消するためにできることをいっしょに見いだしたいという気持ちで子どもに向かうことが必要ですが、それが意外に難しいのが現実です。

それは、多くの大人の気持ちのなかに、もう一つ、理由はともあれ、なにもしていない友だちをたたいたのだから、そのことがいけないことはきちんと認めさせ、あやまらせることがまず大切というとらえ方があるからです。

ひばり保育園の実践に、朝、ホールに来て、氷鬼に夢中になっている友だちをキックしたりしてぷいっと出て行ってしまった四歳ののりかずくんの話があります。もちろん友だちは怒りましたし、いっしょにあそんでいた担任の和恵先生も「えっ」と思いました。そのとき和恵先生は、クラスのみんなに「どうしてそうしたのか、先生が聞いてくるね」と言ってのりかずくんを追いかけます。

のりかずくんは、はじめ、怒られると思ってかたくなに口を閉ざしていましたが、和恵先生が、本当に気持ちを知りたいと思えるかかわりをするなかで、自分の気持ちを伝えてくるのです。自分が朝、保育園に来たらやろうと思っていたウルトラマンごっこが、今日はみんながすでに氷鬼をやっていてできないと思って、おもしろくなかったというのがその理由でした。そして、それを聞いた和恵先生は、「のりかずくんの気持ちはわかった。でもキックするのはよくないよね」というふうにこのことを終わらせたくないと思ったと資料に書いています。そして、のりかずくんに、友だちにも自分がわかってもらえたという気持ちを感じてほしいと願って、それを友だちに伝えようと提案し、いっしょにホールに戻ります。

自分ではなかなか言えなくても、先生がかわりにみんなに説明してくれて、友だちはのりかずくんがなぜあそこで怒ったのかを知り、そして、それならそう言えばいいじゃん、とか、でもキックしないでよね、とか率直にのりかずくんに言うことでのりかずくんを仲間として認めていきます。対等な関係のなかで、のりかずくんは素直に友だちにあやまることができ、そこからいっしょにあそぶことが自然にできていきました。

「何の理由もないのに」としか大人に思えないかたちで子どもの行動が気になるとき、それを見ないふりで何もしない、何も言わないというのが子どもを受けとめることではもちろんありません。でも、その行為を「いけないよ」と注意することで子どもにちゃんとかかわったと大人が思ってしまったら、それも違うと思います。私たちにいま見えていないその子のそうせざるをえない「理由」を、目の前にいる子どもと向き合うことで子どもから教えてもらうことが、私たち大人の課題だと思うのです。

③ 子どもがやるべきことをやらないとき、やってはいけないことをしたとき、そのことを叱ることはあたりまえ？

ここで考えたいのは、たとえば、私たちからみて、してほしくない行為を子どもがしたときに、理由はともあれ、まず、その行為を叱る、あるいはたしなめることが、大人としての責任だとするかかわり方についてです。

たとえば、まさきくんやこういちくんが五歳児クラスの時に見せた荒々しさは、並大抵のものではありませんでした。いづみ先生の資料（資料Ⅲ—1参照）にあるように、後から給食にきて、並んでいる三歳児の前に割り込み、それを止めたら怒ってガラス窓をけやぶるほどに暴れてしまったり、大好きな千賀子先生に気持ちを伝えるまでに、かんでなぐってひっかいて頭突きしないとおさまらなかったりする日々のなかで、ほかの子どものことも考えると、それはやめて、とか言わないわけにはいかないけれど、ちょっとでも言われると、自分を受け入れてくれていないんだ、と思ってしまい、大人を信頼できず、素直に甘えられない子どもたちだったのです。

人をたたいたり、蹴飛ばしたり、ひっかいたり、かみついたりすることがよいことではないのは誰もが認めるところです。でも、この幼い時期の子どもたちに限らず、そのような行為そのものをいけないと叱って、その子どもの気持ちが落ち着いたり、その子が抱えている問題が解決したり、また、その子がそうすることに至ったなんらかの原因が解消されたりすることはまずないのではないでしょうか。そして、じつは、子どもとかかわることを仕事としている私たちはそのことを知っているのだと思うのです。

そうであれば、そういう姿をキャッチしたとき、私たちがまずする必要があるのは、その子がどんな気持ちでそのようなことをしたのかを知ることであり、そのために本人にその理由がわかるなら、それを伝えてもらうことだと思います。

前述ののりかずくんの例でも、ほんとうにあなたの気持ちが知りたい、それを知って、いっしょにつきあっていこうという大人の姿勢が、なかなか自分の気持ちを言葉であらわせず、わかってもらえていると実感できずにものを投げたりキックしたりしがちであったのりかずくんの心を開き、そのことをまっすぐに伝えたからこそクラスの子どもたちものりかずくんを仲間として対等に受け入れていけるようになっていったのでしょう。

大人としてやってほしくないと思っている行為に対して、理由がわかった場合でも、「うん、それはわかった、たしかにいやだったね。でも、たたいてはいけないよ」というふうにかかわること、まして、理由がわからない場合には、この言葉の前半がなくなって「キックはいけないよ」と行為をたしなめるかたちで子どもにかかわることは、子どもにとっては、ほんとうに自分のことをわかってもらえたとは思えないのではないかと思うのです。

たたいたり押したりすることの善し悪しがまだわからない低年齢の子どもたちには、ゆっくりていねいにかかわるなかでその善し悪しを伝えていくことは必要でしょう。でもそれだって、その行為だけを取りあげていろいろ言っても子どもは納得しないと思います。

ましてそのことがよいことではないと自分でも思っている幼児後期の子どもたちにとって、わかっているけれど、それでしかあらわせない気持ちをぶつけたその行為を否定されたとき、本当に自分がわかってもらえたとは思えないのではないでしょうか。キックしないで言葉で言うように大人が促したとしても、そうできないからキックしたり、ものを投げたりしてしまった子どもは身動きがとれなくなるばかりのように思えるのです。

その子のそうした状況を本気でわかり、いっしょにその先を見つけていこうとするとき、やった行為ばかりとりたてて問題にしたり、「ごめんなさい」を言わせないと終わりにできないというように、大人がそこに縛られてしまわないように気をつける必要があります（このことは、逆に、「ごめんなさい」を言えばすむ、ということとして子どもが学習してしまう可能性もあるということです）。

そして、それは決して、くやしかったら友だちをたたいても、ものを投げてもいいんだよ、というメッセージにはならないと思うのです。

四歳の頃のまさきくんがめぐみちゃんの大切にしていた飾り物をビリッと破いてしまったときのことを、千賀子先生が資料（資料Ⅲ—16参照）に書いています。その日、イライラしていたまさきくんだったのですが、その原因は、その日はお月見だんごを作る日で、自分のおばあちゃんも来ると本人は言っていたけれど来なかったことでした。八つ当たりされためぐみちゃんはショックで固まってしまいました。千賀子先生はまさきくんの気持ちもわかるけれど、めぐみちゃんの気持ちを考えるとここはそのままにはできないと思い、まさきくんと話します。大好きな先生に言われて「うるせー。オレには関係ねー」と逃げようとするまさきくんに「関係ねーは困る！」とせまる千賀子先生。そのうち「オレも欲しかったんだよー。だからずるいと思って破いたんだー」と言ってワーッと泣き出すまさきくん。「そうか、わかった。……まさきくんはめぐみちゃんにいじわるしてやろうと思って破っちゃったんじゃなくて、オレも欲しいな。ずるいって思ったんでしょ？」と言うと、うんとまさきくんがうなずいたので、そのことをめぐみちゃんに伝えようか、と千賀子先生はまさきくんに言います。そばでずっとみていためぐみちゃんは、先生がまさきくんの気持ちを伝えると、「許してあげる」と言ってくれるのです。まさきくんはほっとしたようでした。そして二人は、千賀子先生と、お昼寝から起きたらいっしょに飾りを作ろうと約束するのです。

まさきくんは、きっと破いてしまったことで、めぐみちゃんがすごく悲しいということがわかっていたのだと思います。自分がいけないことはよくわかっていながら、それを素直に認めることができないのです。だから、めぐみちゃんが許してあげると言ってくれたとき、まさきくんは自分を受け入れてもらえたと感じて、救われた気持ちになったのだろうと思います。

3 子どもをわかることから出発して、どこに向かうのか

では、子どもの今の状態や思いがわかったと思ったとき、どんな保育を考えていくのか、という大人のかかわり方の次の分岐点について考えてみたいと思います。

① 危険なことに対する対応

大人であったら、誰が考えてもそれは実現できない、と思う事柄についても、ときに子どもは要求してきたり、実際にやろうとしたりします。また、子どもにはそのつもりはなくても、大人にはその行動の結果が予想できるため、それはやれない、ということもたくさんあるでしょう。たとえば、洗濯機が回るのを幼い子どもは一度見たらもっと見たいと思うけれど、踏み台などを使って勝手にのぞかれたら頭から転落する危険が大きいのでそれはやってもらっては困る、車のたくさん通る道路を歩くときや、川のそばでのあそび方、二階のベランダの手すりを登らないようにする、な

ど、子どもには状況が見えていなくて、しかも危険の大きいことについては、大人が判断して、危険を事前に防ぐ責任があるでしょう。

ただ、この危険と思われる行動の種類や範囲も、揺るがないように見えても、保育の見方によってじつは少しずつ異なっているのです。

たとえば、ひばり保育園のホールのピアノは、いつでも誰でもさわれるように開いています。子どもたちが何人も集まっていろいろ動いていれば誰かがピアノを弾いているとき、ふたがバタンと閉じて手や指をけがしてしまうかもしれません。

実際にひばり保育園でも以前、手をけがした子どもがでました。幸い大事にはいたりませんでしたが、そのとき、ひばり保育園の職員たちは反省し、どうしたらよいか考えました。園によってはすぐにもふたに鍵をかけるだろうと思いますが、ひばり保育園はそうしませんでした。だれでもピアノにさわれるように安全にふたを開けておけるためにはどんな工夫をしたらよいかを考えたのです。

このとき、挟まれた子どものお父さんが、自分の子が挟まれたことで、ピアノが自由に弾けなくなったら困る、そうならない方向で考えてほしい、と保育園に言ってきたことも印象的でした。

そして、いろいろなアイディアを試した末、ふたを開けたまま、長い布でピアノにふたをぐるぐる巻き付ける、という方法に到達したのでした。見栄えはいまひとつでも、これが、ピアノを弾いている子も横で見ている子も、ふたに手を挟まれる心配がなく、いつでもピアノにさわれるようにしておける方法として採用されたのです。

この事例では、危険があるとき、それを、どの方向で安全にしていくかによって、考えることはまったく違ってきます。ふたが、大人が弾くとき以外、開かないようにしてしまえば安全ですが、子どもたちはさわることはできません。ピアノは子どもにはさわらせないのが当然と思うか、さわっていいものとして置くのか、それは、どういう環境で、どんなふうに保育園生活を作っていこうとするのかによってかわってくるのだと思います。

② 子どもをわかることと活動の目標や計画を見直すこと

危険に対してでもそれだけ違いがあるのですから、いわゆる「しつけ」「文化」「さまざまな能力」として身につけさせたいことや、身につけさせていくプロセスを、保育としてどのように考えるか、についても、それぞれの保育園、職員のなかでも大きく違ってくると思います。

谷川先生が担任したてっちゃんたちの年長クラスの一年間（Ⅰ章2節参照）は、このことについて大きな問題提起をしていると思います。

担任の谷川先生とひばり保育園の先生たちにとっては、その前の五歳児のりょういちくんのこと（Ⅰ章1節参照）で考えさせられ、学んだことがベースになっているのですが、ずっと続けてきた「はと劇場」（五歳児が劇をやって親たちも呼んでみんなにみてもらう）を、悩んだ末にやめて、基地作りに全力を注ぐということで、活動の目標を大転換したことが書かれています。

てっちゃんたちのクラスが、他の人に演技を見せるというようなことへのプレッシャーがとても強かったこと、なかなか五歳児の友だち同士がみんなで協力して楽しむという経験が作れなかったこと、基地作りがおもしろくなってきて、ようやくてっちゃんも、それまでは親しい二、三人の友だちしか入れなかった基地から、クラスみんなの基地ということを受け入れはじめてきたことなどから、今年のこの子どもたちにとっては、はと劇場より基地作りに力を注いだほうがよいと判断したのです。これは、子どもたちの理解を深めた結果、当面の活動の目標そのものを変えたということです。

私たちが子どもにつけさせたい力をどんな活動によって培っていくのか、それはまさに保育の計画になるわけですが、それが、そこにいる子どもたちと合わないとき、私たちはどうしてなのか、子どものことをもっとよくわかろうとするでしょう。そして、たとえばごっこあそびのつもりが共有できていない子どもがいることがわかったり、鬼あそびのルールを完全には理解できていない子が何人かいることがわかったり、あるいは友だちとの関係が気になってあそびに集中できない子どもたちがいることがわかったり……といろいろな姿が見えてきます。

子どもたちにどんなふうに育ってほしいのかという願い（保育の目標といってよいと思いますが）は揺らがなくても、いま、計画しているこの活動、この取り組みが、いつも適切だとは限らないのです。計画する活動の意義で、やる・やらないを論じれば、たいていのことは、子どもたちにとって意味のある大切な活動だということになるでしょう。はじめからそう思えないことは、もともと計画されないからです。

「はと劇場」も、劇を演じて見てもらう経験が、子どもたちにたくさんの新しい力を与えることは一般的にはその通りだと思います。だから、このことを悩み、決断するまでにこの子どもたちの今と私たちがその子どもたちに願っていることについて、くり返し話し合う必要があったのです。

自らの判断が、子どもの育ちにとって大切であると、多くの保育者は確信を持っていることも多いと思いますが、ときに、お互いの異なる判断を交流し、なぜ、そうした違いが出てくるのか、学び合うことも不可欠ですし、子どもとの毎日のなかで、子どもの姿を見ながら、これでよいのかと問い直すことも重要かと考えます。

③ 子どもをわかって実践を吟味していくことで、さらに子ども理解が深まる

子どものことをもっとわかりたいと思い、どの子もが自分が大切にされていると感じることのできる暮らしを保育園に実現しようとしていくと、それぞれの子どもたちがさらに大人や友だちを信頼できるようになり、新しい姿を見せてくれます。そんなにたやすくはいかないけれど、まさきくんが心を開いていく様子（Ⅲ章）や、てっちゃんたちのクラスが基地作りで結びついていく姿（Ⅰ章2節）は、徹底して子どもをわかろうとしてかかわる実践は、より深い子ども理解にかえってい

くことを示しているのではないでしょうか。

子どもをわかることは、保育の手だての前提でもありますが、その結果でもあります。わたしたちは、いろいろな新しい経験を子どもにさせることで成長していってほしいとさまざまな活動を計画しますが、実践することで、子どもからじつに多くのことを教えてもらっているのだと思います。

4 「徹底して子どもの側に立つ」保育を可能にする職場のあり方

ひばり保育園の保育者たちが一人ひとりの子どものことをどこまでも考え、粘り強くかかわることができたとき、そこには常に職員みんなが協力している職場がありました。どの実践も、そのことに支えられていることがよくわかります。ひばり保育園の職員がどんなふうに支え合う努力をしてきたのか、ここでもう一度見つめてみたいと思います。

① いつでもどこでもとにかく子どもの話をし合う

会議に、子どもの姿を書いてみんなで読み合うのはもちろんですが、会議でなくても、休憩室にあがった人同士でも、今日あったこと、今あったことなど、なんでも話してみることを、ひばり保育園は大切にしてきました。それは、しゃべらなければいけない、というよりも、しゃべらずにいられないという職員の関係があるということでもありました。しゃべることでクラスのちがう子どもたちのことももっと知ろう、という雰囲気が常にあるなかで、一人の保育者の話したことにそこに居合わせた人たちが関心をもち、楽しいことはいっしょに笑い、困ったことは一緒に悩む関係を積み重ねてきているともいえます。

複数担任の場合、いっしょに休憩にはあがれないので、クラスの子どもたちのことをもっとしゃべりたいな、というとき、自分たちで残って話したりもしています。でも、小さいお子さんのいる保育者だと、帰りはわが子の保育園に急いでお迎えにいかなくてはならず、残って話したりすることが難しいのです。そんなクラス担任たちの要求をキャッチして、昼の休憩に他の保育者が入り、担任が一緒にあがれる日を園長や主任が意識的に作ったりもしてきました。

また、安井先生たちの二歳児クラスの実践（Ⅱ章2節参照）にでてきたように、子どもたちが寝てしまうと、隣のひよこぐみの先生たちがいつも二人とも保育室に残っているので、「すみませーん」と戸を半分開けて両方のクラスをみていてもらって三人で話し合いをしていたこともありました。ひよこの先生も、話したいときはそのようにお願いすればよいので、頼まれてもそれをずるい、とか負担とか思わなかったようでした。ただ、あんなに日頃話し合っているのに、よく話すことがあるね、とひよこの担任同士では言っていたといいます。

それがうまくいかなくなると、保育が見えにくくなります。クラスの状況の大変さはもちろん担任を悩ませますが、その大変さの内容を複数担任の場合は担任同士が共有できているかどうかで、悩み方はまったく違ってくるでしょう。

年長クラスをベテラン二人で担任したときも、そういう時期がありました。秋になって、担任の一人が、今年の年長の子どもたちは、なんとなくスムーズになんでもやれているようだけれど、なんだか子どもたちの関係など、これでいいのかと気になる、と問題提起しました。一人はいわゆる障害児の担当、他の子たちはもう一人が保育する、といった感じになり、お互いにベテランで、ていねいに話し合わなくても保育ができてしまっていたのです。

でも、よくみれば、子どもたちの姿で気にかかることはたくさんあり、それを二人で共有できていないことがお互いの遠慮のようなものになっていると担任自身が自覚しての問題提起でした。それを受けて、保育園の職員たちはみんなで五歳児の資料を書いて話し合い、大事にみていこうとするようになるのですが、そのことを会議で率直に出せたことで、担任二人も、子どものことをとことん話し合うように切り替えられたのでした。

違うクラスの子どものことでも、こんなにかわいかったよとか、すごくおもしろかったとか、保育者が失敗しちゃったとか、会う人ごとにしゃべっていくと、翌日には保育園の職員みんながそのことを知っていて、子どもにかかわるときのまなざしがやさしくなったり、あそびの続きを作りやすかったり、ということができてきます。目に見えてなにが、とははっきり言えなくても、子どものことを大切にする職場という雰囲気がこうしたなかからもできていくのだと思います。

②　会議での保育討議のしかた

この本のなかにたくさんの実践記録がでていますが、これらはすべて会議に向けて書かれた資料からとったものです。

ひばり保育園の会議では、自分が今みている子どものこと、保育の悩み、思いをみんなが書き、どんなにたくさんあっても、それを読み合うところから会議をはじめていました。他の園と同じく、会議の時間がたくさんとれるわけではありませんが、事前に目を通しておいて、読んだことを前提にするという方法をとらなかったのです。

その場に集まった人たちのなかで資料を声を出して読んでいくと、討議は一人の子どものことしかできないときでも、資料をいっしょに聞いただけでその人の保育や、子どもの姿、悩みが共有でき、わかり合えることがたくさんあったと思われます。書いた本人にも、みんなに伝わった手応えが感じられ、会議では話せなくても、その後、休憩室などのおしゃべりで、誰でも続きが話し合えたりする源になっていました。もちろん、職員がとても多い規模の大きな保育園では、この方法も無理かもしれません。

ただ、かたくなと思われるほどに、書いた資料を読み合わせることにこだわった保育討議は、忙しさのなかで資料を書くという大変さを職員に課しながら、もう一方では事前に読んで、頭に入れなければ会議に安心して出席できないという負担感を取り除く役目も果たしていたと思います。また、こうした方法とも関連して、書きたいことがあふれて、なかなか資料が書き上がらない人が、会議の直前まで書いていたり、日々のおしゃべりのなかで、そのことを今度の会議にぜひ書いて、というやりとりがされて、資料が書かれるという資料の出しやすさにもつながっていたように思います（ときには、資料が書けない人もいるのですが、そういう場合でも、いま、自分の保育や子どもの姿で言えることを発言していました）。

ひばり保育園の保育討議をみていると、どんな資料を書いても、また、ときには書けなくても、そのこと自体で非難されることはないのですが、この子のことで困った、こういうことで悩んでいる、こんなふうにかかわってうまくいかない、などが具体的に出されると、あしたからの保育でなにかの手だてを見いだそうとみんなが知恵をしぼることになるので、出したほうが「お得」感があるのです。

本の中にも、「目からうろこが落ちた」という手だてが見いだせたときもあるし、まもるくんの夢中になれるあそびがつかめず、なんとか引き出そうとさんざん知恵を絞った末、「まもるくん、また、〝あれ〟やろうよ」と持ちかける方法を試してみる、といったアイディアがでてきた話も書かれています（Ⅱ章1節参照）。

また、その場ではみんなでそれでやってみようと思える手だてが見いだせないときもあります。でも、その子の姿と保育の姿、悩みを共有し合ったことで、翌日から、子どもの見せる姿がかわることをあるのです。それは、課題が共有できたことで、職員みんながその子とかかわるときに、もっとその子をわかろうとして、自然にていねいになるということがあるからではないかと思います。もちろん、いくら話し合っても、子どもの背景を考えて大人への信頼を勝ち取ろうと努力してもなかなかかわらないで、その荒々しさにせつなくなったり自信をなくすこともあります。それでも、たとえばまさきくんのことでも、会議でみんなでくり返し話し、いっしょに悩み続けたことが、あの大変さのなかで担任を支えたともいえるのではないでしょうか（Ⅲ章参照）。そして、それは、決して見捨てないという姿勢をまさきくんに示し続けることになっていたと思います。

のりかずくんの事例で、四歳児クラスでのりかずくんたちを引き継いだ和恵先生が、三歳児クラスのときの担任が書いた資料を読み返しながら、「資料って、ただ書いて読んで終わりじゃなく、次に続けていくためのものなんだなあ」と自分の資料に書いていますが、なんのために書き、会議をするのかが、実感として職員にわかっていくさまを浮き彫りにしてくれている貴重な発言だと思います。

③ 保育場面で担任同士の思いがわからなくなったとき

そんなふうにわかり合う努力をしていても、保育の場面で担任同士の思いがわからなくなるときもあります。

谷川先生と和恵先生がいっしょに四歳児クラスをもっていたときのことですが、お昼ごはんになったとき、男の子数人のグループが、ごはんをテラスの巧技台の上で食べたいと言ってきました。谷川先生は、クラスの友だちが見える部屋のなかで食べてほしいと思って、その子たちにそれを伝えたところ、「和恵先生はいいって言ったもん」と言われてしまいます。

谷川先生は、和恵先生がそう言うなら、きっとなにかわけがあるのだろうと思い、じゃ、いいよと子どもたちに言います。そして、あとで和恵先生に理由を聞いたところ、その子たちがけんかをしていて、仲直りでき、いっしょにその仲間で食べたいと言ったので、認めたということでした。

この話が会議で出たとき、保育場面でのお互いの思いがわからなくなった場合、その理由を確かめていくことがあたりまえだけれど大切だと確認したのですが、同時に、子どもたちにも、担任同士が伝え合ってわかり合えたことを伝えたら、子どもたちももっと安心できたかもしれない、という話になりました。

それはたとえば理由がわかったときに「いま、和恵先生に聞いてみんなの気持ちがわかったから、いいよ」とその子たちに言う、といったことでした。はじめは子どもたちからみれば二人の先生たちの対応は違っていたのですから、大人同士もわかっていないときもあるけれど、お互いに伝え合ってわかり合える関係であることを子どもたちにわかってもらえることって大事なのではないかという話になったのでした。

④「ベテランと新人の関係」というとらえ方について

ベテランといわれる保育者の役割として、新人や若手の保育者を育てるということがどこの保育園でもよく話題になります。

ひばり保育園の若い保育者たちは、みんなのびのびと保育しているように見えます。もちろん、特別な職場であるわけではないので、いろいろな先輩たちがいますし、若い人同士でもさまざまですが、子どもの姿や保育のことを資料に書いたり、語ったりするとき、驚くほど率直で、自然な感じなのです。

もちろん、新人や若い保育者を大切にしようとしてきたといえばそうなのですが、ベテラン保育者が、いろいろ教えたり、フォローしたりすることで、育つように努力してきたというのとは少し違います。

新人だろうがベテランだろうが、子どものこと、保育のことを考え合い、明日の保育の手だてを見つけていこうとするとき、向かう姿勢は同じで、それぞれの保育者のそのときの精一杯を発揮してお互いに考え、保育をしていこうということなのです。

新人だからということではなく、その人がいま、子どもたちとかかわり、悩み、発見し、考えていることを大事にしようとする。そして、それはベテラン保育者についても同じです。誰もが自分の保育を語り、他の人の保育をよく聞き、子どもの姿を共有して考え合う。誰もがそのことが大事にされることで、他の思惑などを気にしないで、子どものこと、保育のことに集中でき、そうして知恵を合わせるなかで、たくさんの手だてがみんなのものとして定着していくのです。

こうしたなかで、あと数年で定年という年齢で異動してきた吉永先生が、若い人の子どもへのかかわり方や、他のベテランの保育者が若い保育者といっしょに保育をつくっている姿から多くを学んだと発言し、いくつになっても人は学べるし、かわるのだと思ったと言いました。あと数年後の定年を無事に迎えようと思っていた自分が、改めて若い人たちといっしょに保育のおもしろさに夢中になっていったことに自分で驚いたのだそうです。

また、二歳児クラスを二年目の先生二人と組んだ中堅の安井先生は、若い人たちの率直さを「いいなあ」と思い、自分のありようをふり返っています（五十八ページ参照）。

そうした意味では、ひばり保育園は、ベテランと新人といった枠組みで保育者同士のあり方を考えない職場であったかと思います。そして、そのことが、いくつもの保育者人生をひばり保育園で花開かせることになった要因の一つであるように思えるのです。

5 保育園の子どもたちを職員みんなで保育していくという職場のあり方

このことは、一般的にはどの職場でも言われることだと思います。でも、実際にどのように実践するかということになると、具体的には難しいと思う保育園も多いのではないでしょうか。

ひばり保育園の事例には、具体的にみんなで子どものことをみていこうとする実践がたくさん出てきます。

ベテランの小宮山先生が、ひばり保育園に異動してきて五歳児の担任になったとき、みんなで五歳児の姿を出し合って保育討議をしたのにびっくりして、担任である自分の保育に問題があるからそういう会議をしたのかと園長先生に詰め寄った話があります。これは、ひばり保育園の、どのクラスの子どものこともみんなで見ていこうという姿勢のあらわれであると同時に、他の園では必ずしもそうした話し合いはなされていないことを示すものでもありました（Ⅳ章2節参照）。

ひばり保育園の保育の話し合いでは、自分と違うクラスの子どもの話でも、みんな朝や夕方など、自分がその子とふれ合ったりしたときのことをたくさん話します。だからといって担任の保育者を無視するわけではなく、その人の保育への思いも聞こうとしているのです。担任が自分のクラスについてみんなに相談を持ちかければ、おざなりでなく、本気で話し合いのテーマに据えていきます。

だから、前述した、ベテラン二人で担任した五歳児クラスの場合、担任が問題提起したことにこたえて、次の会議にはみんなが五歳児クラスの子どものことで資料を書こうと決めて、実際に書いてきたのです。それは、その間、問題提起を受けて、それぞれの職員が、自分のクラスの子どもたちの他に、今の五歳児の一人ひとりをていねいに見てきたことでもあるといえるでしょう。

もっとも、ふだんから、どんな場面でもそこに居合わせた大人が子どもにかかわっていくことをあたりまえと思ってやってきた職員にとっては、そのときだけ「特別」なわけではなかったと思います。

また、ひばり保育園では三月から四月への子どもたちを、つながった姿として意識して大切に話し合うようにしています。三月までの保育をまとめたら、四月からは新しい担任がまったく新しく保育を考える、というのは、大人の側の都合なのではないか、と考えたからです（もちろん、一つ大きなクラスになって、変化する部分も認めていますが）。そう考えて、年度末には、「V期からI期へ」という資料を書き、読み合って、誰が新しく引き継いでも、子ども理解がしやすいようにしているのです（資料Ⅲ―13など）。

ここに今いる子どもたちと大人たちが、保育園という場でいっしょに生活しながら、よりよい日々をつくっていくのが保育、というとらえ方を徹底することで、どの人も、ひばり保育園というこの職場で、いま、この子どもたちにどうかかわったらよいか、どんな保育をしたらよいかをまっすぐに考えることができるようになっていったのではないでしょうか。

あとがき

子どものこと、保育のことを話しはじめたら夜のふけるのも忘れてしまう保育者たちの、とどまることのないおしゃべり（?）を、根気強く聞いてくださった清水先生により、今、「ひばり保育園の実践」をこのような形で著していただいたこと、本当にうれしく思います。

ひばり保育園に、ある意味で、区切り目がくるかもしれないことを予測しはじめたころ、時を同じくして、小宮山先生は、保育する喜びをかみしめながらも保育への強い思いを残して逝きました。

このような時、ひばりでやってきたことを何らかの形で確かめたい、実践の中身はまだまだ十分ではないかもしれないけれど、ありのままでいいから残したい。この思いは、ひばりの保育者たちをはじめ、ずっとひばりにかかわり続けてきた、そして、たくさんのことをそこで学んできた何人もの元ひばりの保育者たち共通のものでした。清水先生からも、「たくさんの、今を一生懸命生きていく子どもたちから、行きつ戻りつしながら、でも自分たちの実践を通してたしかに学んだことを、こんな時だからこそ、お互いに確かめ合い、文字にして、保育の仲間の方にぜひ伝えたいと思うのです」と、「本」づくりも含めて、〝保育で大切と思うことをまとめるための研究会〟をつくる提案がありました。「会」は、〝子どもたちを信頼するとは?

徹底して子どもの側に立つとはどういうこと？〃ということを一緒に考えてみたいと思っている、ひばり関係者以外の保育者も含めてはじめることになりました。二年前のことです。

ひばり保育園が、目の前の子どもの姿から出発する保育を、保育実践のありようとして大事にしはじめたのは、二十年ほど前だったと思います。事実を書くこと、思いを語ること、そしてどんな話し合いも、子どもの姿抜きではしはじめないこと、不一致があった時にはそのことは保留して、今見せている子どもの姿に立ち返ること、などなど、連綿とやり続けてきました。

ことに、この十年の間に、〃徹底して子どもの側に立つこと〃の大切さを教えてくれたのは、まぎれもなく、目の前にいる子どもの姿、育ちの事実でした。いっしょに語り合い悩み合ったひばりの保育者たちは、「あのエピソード……」と思い浮かべれば、そのことで共通になった「意味」も含めて、立ち返ることができます。そしてそのことは、時を同じく保育した者だけでなく、横にも縦にも伝えられていきました。子どもたちの姿から学び合うことでしか、保育者同士の絆もつくられていかないのだということを、今、ふり返ることができます。

保育の検討、実践の検討は、なんのためにするのか。それは、明日の保育を見いだすため。ありのままの保育、子どもの姿を出し、語り、そして明日の保育を見いだす。そのくり返しの中で見えてきたこと。それはやはり、目の前の子どもの姿から出発し、今のその子のありのままをつかみ、認めて、手だてを探り、そしてその子のことをもっとよくわかりたいと願いながら、明日も実践し続ける、そうした営み全体が、保育そのものなのだということでした。

この「本」づくりを通して、確かめたかったのは、まさにそのことだったように思います。この間、たくさんの保育実践や討議の資料に埋もれながら、保育する悩みと喜びをまた味わうことができた日々でした。関係者のみなさん、本当にありがとうございます。

二〇〇六年七月

「ひばりの実践を研究する会」を代表して　嶋　さな江

著者紹介
清水玲子（しみず　れいこ）
1947年、埼玉県に生まれる。現在、東洋大学ライフデザイン学部教授。乳児保育、保育原理などを担当。子ども二人は産休明けから共同保育所を出発点に、公立保育所、共同の学童保育で育つ。著書に『保育園の園内研修』（筒井書房）、『育つ風景』（かもがわ出版）、『保育における人間関係発達論』（共著、ひとなる書房）、『今の子育てから保育を考える』『しかるってむずかしい』（共著、草土文化）などがある。

さし絵／大野サヨ子　装幀／山田道弘

徹底して子どもの側に立つ保育――この子の今を大切に

2006年 8 月15日　初版発行
2010年10月 5 日　 3 刷発行

著　者　清水　玲子
編　者　ひばりの実践を研究する会
発行者　名古屋　研一

発行所　㈱ひとなる書房
東京都文京区本郷2－17－13－101
TEL　03（3811）1372
FAX　03（3811）1383
e-mail : hitonaru@alles.or.jp

 印刷／中央精版印刷株式会社